마이오카인 운동

근육에서 나오는 만병통치 호르몬

물리치료사 박병준 지음

마이오카인 운동

헤르몬하우스
HERMONHOUSE

프롤로그

필자는 선수 재활, 관절/척추 수술 후 재활, 도수치료를 하다가 현재는 영화, 드라마 촬영 현장에서 배우 및 스텝들의 컨디셔닝 업무를 지원하고 있는 물리치료사이다.

촬영 현장 지원 외에도 건강을 주제로 유튜브 채널을 운영하고 있으며, 물리치료사로서 건강에 도움이 되는 컨텐츠를 주로 다루고 있다. 이 책은 필자가 물리치료사이기 때문에 얘기할 수 있는 근골격계 질환에 대한 약물남용의 문제와 함께 건강하기 위한 "마이오카인 운동"을 제시한다.

한국은 인구 1000명당 의사 수가 OECD 가입국 중 꼴찌 수준이다. 그런데 인구 1000명당 외래환자 수는 OECD 가입국 평균 대비 2.5배나 많다. 다시 말하면 한명한명의 한국 의사가 케어하고 있는 환자수는 OECD 가입국 중 최고로 많은 수준이다. 이렇게 한국에는 아픈 사람들을 열심히 돌보는 고마운 의사선생님들이 많으며, 필자는 의사를 존경한다. 다만, 한국의 약물남용에 대한 문제는 오래전부터 심심치 않게 대두되어 왔으며, 비교적 최근에는 병원 또한 경쟁이 심화되며 약물의 남용 또한 더욱 심해지고 있다. 특히, 근골격계 질환에 사용되는 스테로이드의 경우 2000년 전까지 남용이 가장 심했다고 하나, 비교적 최근 병원의 경쟁이 심화되며 다시 남용이 심해지고 있다.

대부분의 의사선생님들은 이러한 약물을 남용하지 않고 양심껏 사용하고 있을 것이나 본문에 포함된 약물사용에 대한 통계치를 보면 더 이상 약물 사용의 모든 권한을 단순히 양심에 맡기기는 힘들어 보인다.

또 약물 사용에 대한 통계치 외에도 최근 의료업계의 현실 상황을 돌아보면 눈에 띄는 기이한 일들이 있다. 병원의 매출을 극대화하기 위한 병원 컨설팅 회사가 있으며, 심한 경우 의사가 이 컨설팅 업체에서 매출을 극대화하기 위한 처방 가이드라인을 교육받는다. 컨설팅 업체는 대부분 방사선사, 물리치료사 등의 선생님들로 구성되어 있는데 의사가 이들에게 처방 교육을 받는다니 너무나 아이러니한 상황이지 않은가? 의사가 그토록 열심히 공부해서 자부심을 갖고 행사하는 권한이 '진단'과 '처방'인데 말이다. 어떤 경우에는 가벼운 근골격계 질환에 주 ○회 × ○주간 주사를 맞을 것을 권하기도 한다. 물론 이렇게 처방 및 사용되는 주사제가 스테로이드제만 있는 것이 아니지만 만성 건염과 같은 질환에 주사를 맞고 즉시 통증이 줄었다면 그 약물은 스테로이드제였을 가능성이 꽤 높다.

만성 건염에 스테로이드를 주사하게 되면 당장 약물의 효과가 지속되는 동안 통증이 줄어들지만 주사를 맞은 건은 약화되어 고질병으로 발전하거나 심한 경우 파열이 되기도 한다. 만성 건염을 포함해 대부분의 가벼운 근골격계 질환은 진통소염제와 주사치료 이전에 물리치료가 우선시되어야 한다. 3차 의료기관인 '의원'에 방문하여 치료하고 있는 가벼운 근골격계 질환은 진통 소염제조차 먹지 않아도 되는 경우가 상당히 많다. 이 책은 한국 의료업계의 현실, 약물 남용의 실태와 해결방안, 그리고 건강수명을 늘리기 위한 "마이오카인 운동"을 알려준다.

책 속에 있는 약물남용에 대한 내용은 어쩌면 일부 의사선생님들이 불쾌할 수도 있지만, 대부분의 양심 있는 의사선생님들에게는 해당되지 않는 내용들일 것이다. 병원에서 아픈 사람을 돌보는 의사는 존경받아야 마땅하며, 존중받을 만큼 힘든 일을 매일매일 해내고 있다. 이 책으로 인해 지금도 훌륭하지만 더 훌륭한 한국의 의료 시스템이 정착되길 바라며, "마이오카인 운동"이 국민들의 건강수명을 늘리는데 도움이 되길 바란다.

추천사

마이오카인 운동은 개인 의료비가 계속 증가하는 이 시대의 단비 같은 책이다. 운동이 좋다는 것은 누구나 말할 수 있지만, 이 책의 저자는 운동이 왜 더 중요한지 우리가 생각지 못했으나 피부에 와닿는 사례들을 가감 없이 이야기해주고 있다. 많은 사람의 공감을 얻을 수 있길 바라며 이 책을 추천한다.

인하대학교 스포츠학과 박사과정, 기능운동재활협회(FEARA) 대표 한석규

건강한 삶의 핵심 열쇠인 마이오카인이라는 신비로운 호르몬에 대한 깊은 통찰과 지식을 제공합니다. 근육을 움직이고 몸의 기능을 촉진하는 이 마법 같은 물질은 우리 몸 전체에 놀라운 영향을 미치며, 운동을 통해 근육에서 분비되는 중요한 호르몬 중 하나입니다. 이 책은 마이오카인의 역할을 깊이 있게 파헤쳐 우리의 건강과 행

복에 미치는 긍정적인 영향을 자세하게 설명합니다. 또한, 근육이 우리 몸에 제공하는 혜택과 꾸준한 운동이 마이오카인 분비를 어떻게 높일 수 있는지에 대한 근거를 제시합니다. 그리고 이론뿐 아니라 실용적인 정보도 풍부하게 담겨있고, 여러분이 집에서 편안하게 실천할 수 있도록 운동 방법들도 자세히 안내하고 있습니다.

마이오카인에 대한 더 많은 연구와 지식이 필요하지만, 이 책은 마이오카인의 중요성을 대중에게 알리는데 한 발자국 더 다가가고 있습니다. 따라서 건강한 몸과 마음을 위한 첫걸음을 내딛는 여러분에게 꼭 필요한 지침서입니다. 지금 바로 이 책을 통해 새롭고 건강하고 행복으로 가득한 삶의 시작을 경험해 보세요!

대한스포츠아티스트재활협회(K-SPARA) 회장 **김소영**

한국은 초고령화 사회를 향해 그야말로 초고속 열차를 타고 진입하고 있다. 급격한 인구 고령화로 인해 사회 곳곳에서 심각한 문제가 발생하고 있지만, 물리치료 클리닉의 단독 운영을 허락하지 않는 나라는 OECD 가입국 중 한국뿐이다. 이로 인해 약물 남용은 더욱 심화되어 그 결과 한국 노인의 건강상태는 매우 좋지 못하다. 이 책은 이러한 현황을 잘 반영했다. 많은 사람이 이 책을 통해 마이오카인 호르몬에 대해 인지하고 적절한 마이오카인 운동으로 건강한 삶을 영위할 수 있게 되길 희망한다.

삼육대학원 근골격계 물리치료 이학석사 **김준용**

대한민국의 약물 남용은 심각한 수준이며 약물이 건강수명을 갉아먹고 있다. 이는 약물에 대한 지식이 없는 사람들에게 소염진통제와 스테로이드 같은 약물이 '치료제'라는 인식으로 심어지게 된 결과를 낳았다. 근골격계 질환에는 이러한 약물의 사용 이전에 운동과 재활, 물리치료가 우선되어야 한다. 지금이라도 의료시스템을 정상화해서 물리치료사의 독립적인 업무를 보장하여 약물 남용을 줄이고 국민의 건강수명을 지켜나가길 희망한다. 한국 물리치료사의 실력이 이미 세계 최고수준이라는 것은 해외 상황을 조금만 돌아보면 알 수 있다. 이런 차원에서 항상 궁금증을 갖고 집요하게 공부하는 박병준 대표의 〈마이오카인 운동〉은 국민의 건강에 긍정적이고 선한 영향력을 발휘하게 될 것이라고 믿어 의심치 않는다.

삼육대학원 근골격계 물리치료 이학석사, 목동 바른몸 교정센터 원장 **조일근**

MYOKINE

차
례

신경가동술

부록 목 통증을 일으키는 원인에 대한 고찰

의료 시스템

MYO

KINE

STEP 1

우리나라의 의료 시스템

       우리나라는 병원 접근성이 세계 최고수준으로 높다는 것은 널리 알려진 사실이다. 한국에서도 가끔 지방 소도시의 의료 낙후화에 대한 기사가 보도되지만, 이마저도 지구상 대부분의 다른 국가와 비교하면 병원 접근성이나 의료수준이 높다.

  또 세계에서 한국 사람들이 부지런하다는 것을 모르는 사람이 없을 정도로 유명하다. 현재, 한국의 의사 수는 인구 1000명당 2.6명으로 OECD 38개국 중 37위를 기록한다. 한마디로 인구당 의사 수는 OECD 회원국 중 최저 수준이다. 그런데 입원, 외래 환자 수는 OECD 국가 중 최고수준이다. 이러한 수치는 한국 의사 선생님들이

OECD 어느 국가 의사들보다 열심히 환자를 돌보고 있다는 것을 뜻한다.

필자가 사는 집 근처에는 친절하다는 말로는 다 표현할 수 없을 정도로 친절한 소아과 원장님이 계시는데, 아이가 아파서 진료를 보러 가면 질문을 더 하기가 미안할 정도로 상세하게 질병에 대하여 설명해 주신다. 별도의 질문을 하지 않아도 요즘 유행하는 바이러스 이름을 손수 적어 그 바이러스일 확률이 높다며 쪽지를 건네주신다. 약을 처방할 때도 해열제나 소염제, 그리고 항생제든 그 약을 처방해주시는 이유에 대해 하나하나 빼놓지 않고 설명해 주신다. 특이한 것은, 원장님은 별도의 진료실이 아닌 환자 대기 공간처럼 훤히 트여 있는 곳에서 진료를 보신다.

이처럼 동네 소아과 원장님을 포함해 지금 이 순간에도 땀 흘리며 최선을 다해 환자들을 돌보고 있는 의사 선생님들이 많을 것이다. 필자는 이러한 의사 선생님들을 항상 존경한다.

간병을 해본 적이 있는 사람은 환자를 돌보는 것이 얼마나 힘든 일인지 알 것이다. 병원에서는 그 힘든 일을 매일 해내고 있다. 단, 고생하는 의사와는 별개로 한국 국민들이 더 나은 의료 서비스를 영위하기 위해서는 앞으로 개선해야 할 문제가 몇 가지 있다. 보건복지부에 고시된 통계자료에 따르면, 대한민국은 OECD 평균보다 인구당 전체 병상 수는 3배, MRI수 2배, 입원환자 평균 재원일 수 2배, 외래환자 수 2.5배, 요양 병상 수는 9배로 월등한 의료서비스를 제공하고 있다.

모든 수치가 OECD 평균의 2배를 넘기에 어느 정도 많은 것인지 체감이 잘 안 될 정도다. 단순하게 생각하면 대한민국은 병원이 많고, MRI와 같은 고급장비를 2배씩

이나 많이 보유한 의료 강국이라는 것에 대한민국 국민으로서 자랑스럽다.

해외에 살다 오신 분들은 하나같이 입을 모아 "외국 나가면 병원에 가기가 힘들다."
라고 얘기한다. 필자 또한 대한민국이 이렇게 병원이 많고 값비싼 의료장비를 많이
갖춘 의료 강국이라는 것이 자랑스럽다.

하지만 우리가 조금 더 나은 대한민국 의료시스템을 누리기 위해 주목해야 할 수치
가 있다.

OECD 평균보다 입원환자 평균 재원 일수 2배, 외래환자 수 2.5배

대한민국은 단순히 병원 접근성이 높아 이토록 많은 환자가 발생하는 것일까? 아
니면 우리 국민들이 유전적으로 열등해서 더 많은 질환에 노출되는 것일까? 또는
GDP 10위에 빛나는 대한민국의 위생상태가 불량해서일까?

1) 과잉진료

한국 의사들의 평균 임금은 OECD 국가 중 최상위이다. 병원이 이렇게 많은데, 의
사 개개인이 버는 돈도 봉직의는 OECD 국가 평균의 2배, 개원의는 3배 가까이 된다.

우리나라 의사의 연봉 수준은 OECD 최상위권이다. 전문의 중 봉직의 임금 소득은
연간 19만 5,463달러(2억 5,566만 원), 개원의는 연간 30만 3,000달러(3억 9,632만 원)
로 봉직의·개원의 모두 OECD 국가 중 가장 높았다. OECD 평균은 10만 8,481달러(1

억4,189만 원)다. (서울신문. 병상 많지만, 의사 멕시코 다음으로 적어… 연봉은 OECD 최상위. 이현정 기자 2022)

OECD에 속한 타 국가 의사가 월 1,000만 원 벌 때 우리나라 의사는 월 3,000만 원을 벌고 있다. 어떻게 된 일일까?

건강보험 행위별 수가제(fee-for-service)에 책정된 치료행위의 수가가 높아 국민들이 낸 세금이 건강보험료로 과다하게 나가는 것인가?

> 건강보험 행위별 수가제(fee-for-service)는 의료기관에서 의료인이 제공한 의료서비스(행위, 약제, 치료재료 등)에 대해 서비스별로 가격(의료기관이 건강보험이 적용되는 의료서비스를 제공하고 환자와 건강보험공단으로부터 받는 총액)을 정하여 사용량과 가격에 의해 진료비를 지불하는 제도로 우리나라는 의료보험 도입 당시부터 채택하고 있습니다.(건강보험 심사평가원)

NO! 대한민국은 건강보험 보장성이 OECD 국가 중 낮은 나라의 하나이며, 가계 의료비 부담이 높은 수준이다. 그럼 대체 대한민국 의사는 그렇게 많은 돈을 어떻게 벌고 있을까? 통계치들이 말해주고 있는 정답은 '과잉진료'다. 병원에서 과잉진료가 발생하는 부분은 수도 없이 많지만, 근골격계 질환을 다루는 병원에서 발생하는 대표적인 문제를 몇 가지 다뤄보도록 하겠다.

대한민국에서 '약물남용' 이슈는 얘기하기도 지겨울 정도로 언급되는데, 대체 한국 사람들은 얼마나 많은 약을 먹는 걸까?

2) 약물남용

유엔과 WHO는 보건안보의 위협 요소로 항생제 내성을 꼽고 있다. 실제 미국의 경우 항생제 내성균으로 연간 200만 명이 감염되고 2만3,000명이 사망하는 실정이다. 지난해 영국 보건당국은 2050년에는, 전 세계적으로 연간 1,000만 명이 사망할 것으로 예측하기도 했다.

질병관리본부에서는 "유엔과 WHO는 보건안보의 위협 요소로 항생제 내성을 꼽고 있다. 특히 우리나라 항생제 처방률은 31.7%로 OECD 평균(23.7%) 대비 8% 높다는 점에서 오남용이 심각한 국가로 꼽힌다."라고 발표했다. (국내 항생제 내성 심각한 수준…"감염병 치료 어려워" 세종=뉴스1 이진성 기자 2017)

왜 질병관리본부는 고작 처방률이 8% 높은 것 가지고 오남용이 심각한 국가라고 호들갑일까? 질병관리본부의 호들갑에 더해 대한민국은 인구당 외래환자 수가 OECD 평균의 2.5배라는 점을 간과해서는 안 된다.

외국이었으면 병원에 가지도 않았을 환자들이 한국에서는 병원에 많이 간다. 한국 사람들이 약물에 노출되는 남용 실태를 제대로 비교하려면 질병관리본부에서 발표한 처방률 31.7%에, 한국에서 더 많이 병원을 찾는 사람들의 몫까지 더해야 한다.

삼성생명과학 연구소 자료에 따르면, 다음과 같이 말한다.

"치료가 어렵거나 불가능한 항생제 내성 박테리아가 점차 흔해지면서, 전 세계적으로 건강을 위협하는 원인이 되고 있다. 항생제 내성은 몇몇 유전자에 의해서 암호화

되고 이들의 대다수는 박테리아들 사이에서 전파될 수 있다. 새로운 내성 기전이 끊임없이 보고되고 있고, 새로운 유전자와 전파의 매개체가 정기적으로 확인되고 있다."

항생제는 인류에 어마어마한 기대수명증가를 가져다주었지만, 남용은 새로운 불치병을 불러오고 있다. 더불어 약물 남용은 비단 항생제만의 문제가 아니다. 대부분의 사람은 '약'이라면 '낫게 해주는' '회복시켜 주는' '병을 치료하는' 의미가 떠오를 것이다. 하지만 근골격계 환자들에게 처방되는 소염진통제와 스테로이드*제는 그렇지 않을 수 있다.

(1) 소염진통제(NSAID)

소염진통제(NSAID)는 소염작용(Anti-inflammatory)이 있는 약 중에 스테로이드가 아닌(Nonsteroidal) 약이다. 코르티코스테로이드(Corticosteroid)* 호르몬제와 구분하기 위해 비스테로이드 성 항염증제(NSAID)라고 부른다.

* 스테로이드 : 탄소 육원자 고리 3개와 탄소 오원자 고리 1개로 구성된 축합 고리의 탄소골격을 모체로 하는 일군의 화합물 총칭(이 책에서는 호르몬이라고 이해하면 된다.)
* 코르티코 스테로이드 : 코티졸을 인공 합성한 약물의 총칭

소염진통제(NSAID)의 작용기전

표의 내용은 가볍게 보고 넘어가면 뒤에 쉽게 설명한다.

NSAIDs의 주요 작용기전은 cyclooxygenase(이하 COX)를 억제하여 arachidonic acid로부터 PG의 합성을 차단함으로써 발열, 부종, 홍반, 백혈구에 대한 화학주성(chemotaxis), 혈관 투과성 등을 낮춰 항염증 효과를 발휘하게 되는 것이다. 대표적인 약물로 100여 년 전에 알려진 아스피린(acetylated salicylic acid)은 COX를 비가역적으로 억제하는 반면 다른 NSAIDs는 가역적으로 억제한다는 차이가 있다.

최근 COX 효소는 내재적 형태(COX-1)와 염증성 자극에 의해 유도되는 형태(COX-2)의 2가지 동종 효소(isoenzyme)로 존재함이 밝혀졌는데, 전자는 내재적(constitutively)으로 발현되어 생리적 기능 즉, 위점막의 산 분비를 억제하고, 점액 분비를 촉진하며 위·식도 괄약근의 긴장을 유지하고 신혈관을 확장하여 체액 감소 시 신 혈류량을 유지하는 등의 기능을 수행하는 PG 합성에 작용하는 것이고, 후자는 언급한 대로 염증성 자극에 의해 유도되어 염증을 유발하는 PG 합성에 작용하는 것이다. 따라서 NSAIDs와 관련된 부작용은 주로 COX-1의 억제로 인해 발생되며 항염 효과는 COX-2의 억제에 기인하리라 생각된다. 기존에 알려진 NSAIDs는 대부분 COX-1과 COX-2 모두를 억제하는 반면, 최근 연구가 활발히 진행 중인 rofecoxib나 celecoxib 등과 같은 COX-2 만을 선택적으로 억제할 수 있는 약물은 신독성이나 위장관 부작용을 감소시키는 점에 있어 기존의 NSAIDs에 비해 뛰어난 장점이 있다고 할 수 있다. 그 외 Nonacetylated salicylates 제제로, salsalate, choline magnesium trisalicylate 등이 있는데 COX에 대한 억제 작용은 미약하지만 Nonsalicylate NSAIDs와 임상효과 면에서는 동등하다. NSAIDs의 다른 작용기전으로 Nonprostaglandin-mediated mechanisms of action이 있는데, 이는 L-selectin 감소로 염증 부위로의 중성구 이동을 억제하고, Nitric oxide synthase(이하 NOS)의 전사를 막아 염증반응을 억제하는 것이다. (비스테로이드성 항염증제 〈NSAIDs〉) 치료의 최근 경향. 가톨릭대학교 의과대학 류마티스 내과. 박종서, 김호연. 2000.)

여기까지 정리하면 소염진통제는 다음과 같은 작용을 한다.

1. 항염 효과(anti-inflammatory effect)

2. 진통 효과(analgesic effect)

3. 해열 효과(antipyretic effect)

4. 혈소판 기능 억제

쉽게 말해 소염진통제는 '염증반응을 억제'해 통증을 완화한다.

소화불량, 속 쓰림, 위장관 출혈, 궤양, 간독성 등 여러 종류의 NSAID 각각이 갖는 부작용도 있지만, 이는 의사가 조절해서 사용하니 넘어가고, 소염진통제가 '염증반응을 억제'해서 통증을 완화한다는 약리작용을 기억하자.

특히, 정형외과적인 질환에 있어서 **'염증반응을 억제'**한다는 것이 어떤 의미인지 알아야 한다.

(2) 스테로이드(Steroid)

스테로이드(Steroid)는 약물로 쓰이는 스테로이드 호르몬 제제를 통틀어 일컫는 말로 부신피질호르몬제와 남성, 여성 호르몬제 등이 이에 속한다. 이중 부신피질호르몬제(이하 코르티코스테로이드)는 부신피질에서 분비되는 코티졸*(Cortisol)이라는 호르몬을 인공 합성한 형태의 약물을 총칭하는 말이다.

> * 코티졸 : 부신피질에서 분비되는 호르몬

본래 우리 몸에서 생성되는 호르몬인 코티졸은 체내 혈당 생성, 기초 대사 유지, 지방 합성 억제, 항염증 작용, 항알레르기 작용 및 스트레스에 대응하는 역할을 하며 잠을 잘 때 최저치의 분비량을 보인다.

잠을 잘 때 코티졸 분비량이 줄기 때문에 신체 전반적인 염증반응(회복과정)이 활발하게 일어난다. 그래서 각종 질환으로 아플 때 생체리듬에 따라 코티졸이 적게 분비되는 저녁에 회복하기 위한 통증은 더 심하게 찾아온다.

또 관절 등에 염증성 질환이 있는 경우 잠을 자는 동안 염증이 증가하기 때문에, 자고 일어나서 처음 움직이려 할 때가 가장 아프다. 그리고 아침에 눈을 뜨면서 코티졸 호르몬 분비량이 다시 늘어나게 되어 염증이 억제된다. 그래서 움직이다 보면 통증은 조금씩 완화된다.

이러한 작용을 하는 코티졸 호르몬을 인공합성한 약물인 코르티코스테로이드는 화학구조에 따라 국소적으로 작용하기도 하며, 간을 거쳐서 전신에 작용하기도 한다.

코르티코스테로이드의 통증을 완화하기 위한 분자학적 작용기전은 다음과 같다. (표의 내용은 가볍게 보고 넘어가면 뒤에 쉽게 설명한다.)

① Cytosolic GC receptor (cGCR)-mediated genomic mechanism

스테로이드가 항염증 반응을 보이는데 가장 중요한 것이 유전자에 대한 작용(genomic action)이다. 스테로이드는 자유롭게 세포막을 통과하여 세포질 내의 스테로이드 수용체 (cytosolic glucocorticoid receptor)에 결합하여 세포핵 내로 이동하여 NF-κB 및 activator protein 1(AP-1)을 통한 염증 매개 물질 유전자의 전사(transcription)를 억제하고 IL-1, IL-6, TNF-α와 같은 염증 전구성 사이토카인의 합성을 저해함으로써 항염증 및 면역조절 작용을 나타낸다.

② cGCR-mediated nongenomic mechanism

스테로이드는 유전자에 대한 작용뿐만 아니라 비유전자에 대한 작용을 통해서도 효과를 나타내는데 세 가지의 기전이 제시되고 있다. 그중 한 가지가 세포질 내의 스테로이드 수용체와 결합하여 chaperones과 cochaperones과 같은 항염증 단백이 분비되어 세포질 내에서 신호전달 물질이나 효소를 억제하여 효과를 나타내는 기전이다.

③ membrane-bound GCR (mGCR)-mediated nongenomic mechanism

비유전자에 대한 작용을 통한 기전 중 다른 한 가지는 세포막의 스테로이드 수용체(membrane glucocorticoid receptor)에 결합하여 작용하는 것이다. 활성화된 면역학석 상태에서는 면역세포에 세포막 스테로이드 수용체를 과발현하게 되고 여기에 스테로이드가 결합함으로써 면역세포융해(cell lysis)가 유도된다.

④ nonspecific nongenomic mechanism

고농도의 스테로이드는 혈장과 미토콘드리아 등의 세포막에 직접 녹아 들어가 그들의 특성을 변화시킴으로써 항염증 및 면역조절 작용을 나타낼 수 있다.

(스테로이드 처방의 허(虛)와 실(實). 가톨릭대학교 의과대학 서울성모병원 류마티스내과. 김지민·박성환, 2009)

쉽게 정리하면, 4가지 분자학적 기전 모두 '염증반응을 억제'하는 과정이다. 앞서 설명한 NSAID와 코르티코스테로이드는 두 가지 모두 '염증반응을 억제'해 통증을 완화하며, 코르티코스테로이드는 NSAID보다 전반적인 염증반응 전체에 걸쳐 포괄적으로 작용한다. 이 약물의 주사는 '신경주사' '신경차단술' '스테로이드주사' '뼈주사' '경막외 신경차단술' '신경블록' 등으로 불리며, 면역반응(염증)을 억제하기 때문에 자가면역질환을 비롯해 각종 근골격계 질환에까지 광범위하게 쓰인다.

부작용으로 골다공증, 골 괴사, 근육위축, 소화성 궤양, 감염, 부종, 혈압 상승, 심부전증, 심부정맥, 근육 강직성 경련, 동맥 경화증, 당뇨, 체중증가, 이상지질혈증, 백내장, 녹내장, 반상출혈, 피부 위축, 상처치유의 지연, 여드름, 색소침착, 안면 홍조, 입 주위 피부염, 스테로이드 정신병 등 **호르몬제이기 때문에 나타날 수 있는 부작용이란 부작용은 전부 내포하고 있다.**

하지만, 이러한 부작용에 대해서는 조절하는 방법이 지침으로 나와 있으며 의사가 조절하기 때문에 넘어가고, 계속해서 언급하고 있는 근골격계 질환에 '염증반응을 억제'한다는 것이 어떤 의미인지 살펴보기로 하자.

(3) 통증과 염증

염증은 신체 방어기전으로 외부로부터의 공격과 조직 손상에 대한 생리적인 반응으로 면역세포가 세균을 포식하는 과정부터 파괴된 조직 및 괴사된 세포를 제거하며 **조직을 재생하는 과정을 포괄해 염증반응**이라고 한다. 즉, **염증반응은 "회복과정"**이다.

그런데 앞서 소염진통제(NSAID)와 코르티코스테로이드는 이 '염증반응'을 늦추거나 억제해 통증을 완화한다고 했다. 염증반응을 억제해 통증을 억제한다는 말은 회복과정을 억제해 통증만을 눈가림한다는 얘기이다. 이해를 돕기 위한 예로, 테니스 엘보, 골프 엘보, 족저근막염과 같이 건에 염증이 생기는 질환이 있다.

건(힘줄, Tendon)은 혈액공급이 매우 제한적이며, 따라서 염증 반응(**회복과정**) 속도가 매우 늦다.

근육은 혈액공급이 원활하며 회복속도가 빠르기 때문에 운동이나 과사용으로 문제가 발생해도 금방 좋아지지만, 혈액공급이 제한적인 건은 염증반응이 더디게 일어나며 굉장히 오래 진행된다.

다행인 것은 대부분의 만성 건염은 1년 이내에 저절로 좋아진다. 그런데 염증이 생긴 건(Tendon)에 코르티코스테로이드 주사를 맞으면 어떻게 될까? 염증반응(회복과정)이 억제되어 통증은 마법같이 사라진다. 하지만 주사를 맞은 건은 회복하지 못하고 약해져 재발할 확률이 매우 증가한다. 회복을 억제했으니 약해지는 것은 당연한 일이다. 거기 더해서 심한 경우 이 주사를 맞은 후 힘줄이 파열되는 사례도 보고된다.

"염증을 억제한다."라는 말은 이런 뜻이다.

코르티코스테로이드 주사를 반복적으로 맞아온 환자는 결국 수술하려고 절개해보면 주사를 맞은 주변 인대가 녹아 없어져 버린다. 이렇듯 소염진통제와 스테로이드제는 우리가 '약'이라고 하지만, 머릿속에 그려지는 '**치유**'의 의미는 없다.

'건강수명'이 늘어나려면 이러한 약물의 사용 이전에 운동을 통한 자연치유가 우선시 되어야 한다. 운동으로, 즉 마이오카인으로 치료할 수 있고 건강할 수 있다.

실제 타 의료선진국에서는 가벼운 근골격계 질환에 약을 먹는 것이 아니라, 물리치료* 클리닉을 먼저 찾아간다. 심지어 '30분 산책' 등의 의사 처방도 있다고 한다. 한국에서처럼 소염진통제 먹고 통증이 없어진 것을, 질환이 나은 것으로 받아들이는 일은 상상도 못 할 일이다.

> * 물리치료 : 열, 냉, 전기 도수(손), 물, 중력, 운동 등의 물리적인 방법들을 이용한 비수술적 치료 방법

이상 코르티코스테로이드의 부정적인 면을 서술했다. 하지만 이 약물은 노벨상을 받았으며, 특히 류마티스와 같은 자가면역질환으로 고통받는 많은 사람을 구제해준 고마운 존재다.

필자는 코르티코스테로이드가 정말 좋은 약이라고 생각한다. 하지만, **'남용이 문제다.'** 통증만 눈가림한 채 질환을 악화시키며 환자를 양성하는 치료가 치료라는 인식을 심어주는 한국 의료시스템이 문제다. 그 결과 한국의 환자 수는 OECD 평균보다 2.5배 많다.

(4) 성장호르몬제

마지막으로 성장호르몬제라는 약물이 있다.

성장호르몬제는 뇌하수체에서 분비되는 성장호르몬을 유전자 재조합을 통해 생산한 약물이다. 이 약물 또한 호르몬제로, 앞서 코르티코스테로이드를 설명하며 말했지만, 호르몬제는 언제 어디서 어떤 부작용이 튀어나올지 아직 현대의학으로 전부 밝혀내지 못한 위험한 약물이다.

그런데 최근 들어 한국에서 이 약물 시장이 어마어마하게 성장하고 있다고 한다. 이 약물의 새로운 효과가 밝혀지거나 약물이 필요한 새로운 질환이 발생한 것도 아닌데, 2018년 대비 4년 사이에 무려 2배나 증가했다. (성장호르몬 시장 4년 새 2배↑ ··· 국내 제약 점유율 '쑥'. 김진구 기자. 2023.03.09. 데일리팜)

왜 그런지 이유를 알아보니, 현재 어린아이의 키를 키우고자 이 호르몬제가 사용되고 있었다.

건강보험공단에서는,

① 현재 키가 하위 3% 미만이며,

② 뼈의 나이가 실제 나이보다 어리고

③ 검사상 성장호르몬 결핍이 있어야 한다.

위 조건을 모두 만족해야 이 약물 사용에 건강보험을 적용해 준다. 하지만 건강보험이 적용되지 않더라도 의사의 처방이 있으면 이 약물을 주사할 수 있다. 그래서 키가 조금 더 크고 싶어하는 한참 자라나는 어린아이들과 그들의 부모가 원해서 호르몬제를 맞고 있다.

성장호르몬은 1958년 사체의 뇌하수체에서 추출하여 처음으로 성장호르몬 결핍이 있는 환자에게 사용되기 시작했으나, 부작용 때문에 1985년 사용이 중지됐었다.

하지만 그해 유전자 재조합에 의한 성장호르몬이 개발되어 다시 성장호르몬 결핍과 여러 질환을 가진 환자들에게 사용되기 시작했다. 그리고 2003년 미국 FDA에서 극심한 특발성 저신장증 환아에게 투여를 인정했다.

질환이 없는 저신장 환아에게 성장호르몬을 투입한 기간은 2003년부터 2023년까지 불과 20년밖에 되지 않았다. 따라서 이 호르몬제를 투여받은 아이들이 어른이 되어 겪게 될 수 있는 부작용이 모두 밝혀진 것이 아니다.

미국 소아 1만 1,000명을 대상으로 분석했더니 성장호르몬 치료를 받은 소아는 인슐린 기능이 떨어져 유발되는 제2형 당뇨병 발병 위험이 8.5배 높아졌다는 연구 결과가 '임상내분비대사학회지(journal of Clinical Endocrinology and Metabolism)에 실리기도 했다. (키 크는 주사가 당뇨병을 부른다고? 헬스조선 이슬비 기자 2023)

'키와 호르몬제의 부작용'을 저울질하는 것이 옳은 일일까?

약물의 사용 권한은 의사에게 있다. 그리고 환자에게는 약물 사용을 받을지에 대한 '선택'의 권한이 있다. 하지만 사실상 환자는 약물에 대한 지식이 없기 때문에 의사를 믿고 따를 뿐이다.

부모는 누구나 소중한 내 아이의 키가 크길 바라는 욕망을 가질 수 있다. 그런데 성장호르몬제라는 달콤한 유혹을 다른 사람도 아닌 '의사'가 권하니까, 혹은 다른 사람도 맞으니까 괜찮은 줄 알고 맞히는 것이다. 키가 조금 더디게 자라는 아이에게 이 주사를 놓은 의사는 의사로서 직분을 다했을 뿐 법적으로는 문제가 없다.

소중한 내 아이들은 키가 조금 작아도 상관없고 사회생활에도 문제가 없다. 키가 작은 아이도, 키가 큰 아이도 각자의 개성 그대로 사랑스럽고 예쁘다.

대학병원에서는 웬만해선 키가 작다는 이유로 이 주사를 사용하지 않는다. 또한, 논문에도 이 호르몬제 사용의 윤리적인 문제에 대한 고민이 있었다. 그중 한 논문의 고찰내용을 살펴보겠다.

"성장호르몬 치료는 부작용이 적은 편으로, 흔히 발생하지 않으므로 비교적 안전한 치료라고 할 수 있다. 암 발생과의 관련성에 대해서도 아직까지는 명확한 증거는 없다. 그러나 고용량의 성장호르몬을 장기간 사용한 환자는 정기적인 세심한 추적관찰이 필요하다. 저신장 소아가 가질 수 있는 키에 대한 열등감, 자신감 결여 등의 심리적 문제에 대하여 성장호르몬 치료로 기대되는 심리적 만족감의 회복은 과거의 연구에서 나타난 것처럼 그렇게 크지 않은 것으로 최근 보고되고 있으며, 오히려 거의 매일 주사를 맞아야 하는 것이 소아들에게 정신적인 부담이 될 수 있다. 또한, 윤리적인 측면으로 병적이지 않은 정상 저신장 소아를 성장호르몬 치료를 통하여 억지로 키를 키우는 것이 과연 올바른 것인지, 경제적 이유로 치료받지 못하는 아동들과의 차별 문제, 사회적으로 팽배해 있는 큰 키를 선호하는 외모지상주의(heightism) 등도 생각해 보아야 한

다. 단순히 남보다 키를 더 크게 하려고 성장호르몬 치료가 남용되어서는 안

되며 극심한 저신장, 환자나 부모가 느끼는 심리적인 압박감, 성장 기대 정도

등을 고려하여 치료를 결정해야 한다. (저신장 소아의 성장호르몬 치료 - 성장

호르몬 치료의 득과 실- 이기형 고려의대 소아청소년과 2008)

위 논문과 같이 의사도 윤리적인 문제에 대한 고민을 하고 있다. 논문에서는 부작용이 적은 편이라고 얘기하고 있으며, 대부분의 좋은 의사 선생님들이 이런 윤리적인 문제에 대해 충분히 고려해보고 득과 실을 따져 양심적으로 주사하고 있을 것이다.

하지만 인터넷에 검색해보면, 대학병원에서 처방해주지 않는다며 별도의 처방이 가능한 의사를 찾는 글을 여기저기서 볼 수 있다. 그리고 2018년 대비 4년 사이에 성장호르몬 시장이 2배나 증가했다는 점에 비춰 볼 때, 성장호르몬의 사용을 더는 윤리와 양심에 맡길 것이 아니라 사용에 대한 정확한 지침이 필요할 것으로 보인다.

성장호르몬은 이 책에서 제안하고자 하는 '마이오카인' 운동과는 관련이 적다. 하지만 자녀를 키우는 부모로서 안타까운 마음이 들어 성장호르몬에 대한 내용을 수록하였다.

성장호르몬의 부작용이 전혀 없다고 하더라도 내 아이들이 주사까지 맞아가며, 키

성장을 경쟁(?)해야 한다고 생각하니 눈앞이 아찔하다. 이처럼 인간의 기대수명을 대폭 늘려준 고마운 이 약물들의 남용을 막고 더 나은 의료서비스를 누릴 방법은 없는 것일까?

3) 건강수명

2020년 한국의 평균 기대수명은 83.5년으로 OECD 평균(80.5년)보다 3년 높다. 기대수명이 높은 것이 얼핏 대한민국 의료시스템이 잘 되어있어서 그런 것 같지만 기대수명은 의료시스템 수준과 늘 비례하지 않는다.

OECD에 가입한 38개 국가 중에 기대수명이 가장 높은 나라는 일본이며, 일본의 기대수명이 높은 이유로는 균형 잡힌 식사를 꼽았다. 또한, 193개 UN 회원국 중 기대수명이 제일 높은 나라는 모나코(89.63년)인데, 모나코는 전 세계에서 면적이 두 번째로 작지만, 유럽의 홍콩이라 불리며 도박과 엔터테인먼트 산업이 성해 미국의 라스베이거스와 아시아의 마카오와 흔히 비교, 거론된다.

여의도보다 작은 면적의 국가지만 세계에서 백만장자 밀도가 가장 높은 곳이며, 무려 인구의 30%가 백만장자다. 지나가는 사람 3명 중 1명은 백만장자라는 얘기다. 도박이 성행하는 나라지만 모나코 국민에게는 도박이 금지되어 있고, 세금이 없으며 전 세계에서 행복지수가 가장 높다. 한편, 경제 수준이 낮고 불안정하며 위생상태가 취약한 남아메리카 국가들도 기대수명이 높게 나온다.

이처럼 기대수명과 의료수준은 항상 비례하는 관계가 아니며 같이 보아야 할 항목으로 '건강수명*'이라는 수치가 있다.

┌ * 건강수명 : 질병이나 부상으로 고통받는 기간을 제외한 수명

통계청 자료에 따르면 2020년 기준 한국의 건강수명은 66.3년으로 2012년 조사(65.7년)에 비해 거의 그대로다. 2012년부터 2020년까지 무려 8년이라는 기간 동안 건강수명은 제자리걸음을 하고 있다.

비약적인 의료기술 발전과 신약의 개발에도 왜 한국의 건강수명은 늘지 않는 걸까?

한국 사람은 감기에 걸려도 항생제를 먹고 가벼운 근골격계 질환에도 진통소염제와 스테로이드 주사를 맞는다. 2022년 한국의 국민 1인당 의약품 판매액은 760.9 US$ PPP*로 OECD 평균(547.2 US$ PPP)보다 1.5배가량 높다. (OECD 보건통계 2022)

┌ * PPP = 물가수준을 반영한 구매력 평가환율

OECD 평균보다 2.5배 많은 사람이 병원을 방문하는데, 그 한 명, 한 명의 약품 구매액도 1.5배가 높다. 한국 사람은 가벼운 감기에 소염진통제로 면역반응을 억제하

며, 그로 인해 발생하는 위장관계 부작용은 다시 약으로 돌려막는다. 따라서 건강수명이 늘어날 리 없다.

이는 사회적으로도 생산인구 비율을 감소시키는 문제를 야기한다.

출산율이 OECD 평균의 절반 수준밖에 되지 않으며, 인구 초고령화 사회가 되어가는 한국에서는 이를 심각하게 받아들여 약물 사용에 대한 규제방안을 마련해야 한다.

4) 의료 구조

이 책을 읽고 계시는 분들은 한 번쯤은 근골격계 질환으로 병원에 가본 적이 있을 것이다. 보편적으로 발생하는 가벼운 근골격계 질환으로 집 근처 의원을 방문한 경우 으레 진행되는 치료 루틴이 있다.

접수 후 진료를 보고 엑스레이 촬영 후 다시 진료를 보며 질환에 따라 조금씩 다르겠지만 대부분 먹는 약 처방과 물리치료가 기본으로 진행된다. 그리고 병행하여 주사와 도수치료가 처방되기도 한다. 이때 정형외과질환에 처방되는 약은 대부분 근육이완제, 소염진통제, 소화성 궤양치료제가 사용된다. 앞서 말했지만, 한국 외래환자 수는 OECD 평균의 2.5배이다.

가벼운 근골격계 질환에는 굳이 이런 약을 먹지 않아도 낫는 경우가 많은데 한국은 너무 많은 사람이 회복과정을 억제하는 약을 당연하듯 먹는다. 같은 질환에도 약 처방을 최소화해서 주는 의사가 있는 반면, 5~6종류의 약을 한꺼번에 처방하는 의사도 있다.

　현장에서 실질적으로 환자를 치료하는 의료 종사자들은 이미 이런 문제의 해결방법들을 알고 있으며, 다른 국가에서 시행되고 있는 방법이 있다. 문제의 본질은 의사의 막강한 권한에서 시작하는데, 의사는 자신의 행위에 법적 책임과 제제가 사실상 없는 수준이다.

　이게 무슨 말이냐면, 앞서 서술한 성장호르몬 주사를 단지 키가 작은 어린아이에게 처방하는 의사나, 처방하지 않는 의사도 처방 여부에 대해 의사 각자의 판단과 양심에 맡겨진다. 게다가 의사는 강력범죄를 저지르고 금고 이상의 형을 받아도 자격유지에는 전혀 문제가 없다. 이토록 막강한 권한을 단순히 양심과 도의적인 책임을 갖고 행사하는데 하물며 성폭력 범죄를 저질러도 그 권한이 유지된다.

　결국, 2023년 11월 20일을 기점으로 시행 예정인 법안에 의료인 면허 취소 관련 내용이 통과되기는 했으나, 병원장들은 이 법안에 강력하게 반대하고 있다. (의사면허취소법제정…병원장들에는 치명적. 박대진 기자. 2023.7.28)

　환자들은 약물 사용을 받을지 말지를 선택할 수 있지만, 사실상 약물에 대한 지식이 없어 의사의 도덕성에 기댈 수밖에 없다.

　약물사용은 단순히 도덕성으로 행사하기에는 그 권한이 너무 크다. 그래서 최소한의 장치로 의료기관을 1차, 2차, 3차로 나눠서 그 권한 또한 제대로 세분화해야 한다.

1차 의료기관	30개 미만의 병상을 갖춘 의료기관. 정형외과 의원, 내과 의원 등 '의원'과 '보건소'
2차 의료기관	30개 이상의 병상을 갖추고 7~9개 이상의 진료과목을 보유한 병원. 요양병원, 한방병원, 종합병원 등 '병원'
3차 의료기관	500개 이상 병상과 20개 이상 진료과목을 갖추고 각 진료과목마다 전문의 1명 이상 필수보유. '대학병원'

　한국의 병원은 1차, 2차, 3차 의료기관으로 나누어져 있지만 사실상 그 의미가 없으며 수많은 과잉진료나 약물 남용이 1차 의료기관에서 발생한다. 보건복지부 고시 의료기관의 종류별 표준업무규정에는 1차 의료기관의 업무로 다음과 같이 명시해 놓았다.

제5조(의원의 표준업무) 의원은 주로 외래환자를 대상으로 하며 그 표준업무는 다음 각호와 같다.

1. 간단하고 흔한 질병에 대한 외래진료

2. 질병의 예방 및 상담 등 포괄적인 의료서비스

3. 지역사회 주민의 건강 보호와 증진을 위한 건강관리

4. 장기 치료가 필요한 만성질환이 있는 환자로서 입원할 필요가 없는 환자
   의 진료

5. 간단한 외과적 수술이나 처치 등 그 밖의 통원치료가 가능한 환자의 진료

6. 다른 의원급 의료기관으로부터 의뢰받은 환자의 진료

7. 병원, 종합병원, 상급종합병원의 표준업무에 부합하는 진료를 마친 후 회
   송 받은 환자의 진료

하지만 명실상부한 법령으로, 한국에서는 1차 의료기관에서 MRI를 찍고 수술을 한다. 3차 의료기관에서 소염진통제를 처방하는데 1차 의료기관에서 스테로이드 주사를 놓고 있는 아이러니한 상황이 벌어지고 있다. 사실 이러한 문제의 해결방법은 간단하다.

타 의료선진국들과 같이 1차 의료기관의 권한을 축소하면 된다.(말이 축소지 1차 의료기관의 표준업무에 명시된 업무에 집중하도록 '정상화'만 해도 된다.)

예를 들어, 1차 의료기관에 비스테로이드성 소염진통제의 사용 권한만 허락하면 부작용이 심한 스테로이드제의 남용이 줄어들 것이다. 이렇게 하면 환자에게도 1차 의료기관에서 치료해 보고 안 되면 상급기관으로 갈 수 있는 제대로 된 선택의 기회를 제공하고 국민의 건강수명을 늘릴 수 있다.

의료선진국에서는 물리치료 클리닉을 1차 의료기관에 둔다. 물리치료사는 재활운동, 도수치료, 열, 전기, 광선 등 물리적인 요법으로 질환을 치료하는 직업으로, OECD 가입국 중 물리치료사의 단독 업무를 보장하지 않는 나라는 한국뿐이다. (버티던 일본마저 물리치료사의 단독 업무를 보장받게 되었다.)

수많은 환자에게 불편함을 주며, 의료비용을 비합리적으로 소비하고 약물 남용을 방관하는 나라는 OECD 가입국 중 한국이 유일하다. 지금 이 순간에도 뇌졸중, 척수손상 등 장기간 재활이 필요한 환자와 장애인 등 재활을 필요로 하는 환자들이 여전히 불편함을 겪고 있다.

또한, 심각한 인구 고령화로 인해 점점 더 중요성이 대두되고 있는 노인복지를 위한 재가복지사업에 물리치료사가 필요하나, 제도적 한계로 인해 불필요한 과정에서 세금이 낭비되고 있다.

가벼운 성형외과 질환은 굳이 진통소염제를 먹지 않아도 나을 수 있는 경우가 많다. 물리치료 클리닉은 환자에게 물리치료(전기치료, 통증의 원인이 되는 행위·자세의 통제, 운동치료, 도수치료)를 먼저 시행하고 추후 약물 사용을 고려할 수 있는 선택지를 제공한다. 그러므로 약물 남용은 줄어들고 더 합리적인 치료를 받으며, 건강수명이 증가하고 생산인구가 늘어날 것이다.

필자는 일본의 물리치료사가 단독적으로 업무할 수 있게 된 배경에는 우리나라보다 빠르게 시작된 인구 고령화를 원인으로 생각한다. 한국은 2020년 이후로 인구 고령화 속도가 급격하게 빨라지고 있으며, 곧 초고령화 사회로 들어가 일본을 따라잡을 예정이다. 일본처럼 버티다가 허둥지둥하지 말고 하루빨리 제도를 정상화해서 곧 다가올 초고령화사회에 대비해야 한다.

지금도 한국의 요양 병상 숫자는 OECD 평균 대비 무려 9배에 달한다. 그 정도로 우리나라 노인들의 건강상태가 좋지 못하다. 기대수명이 높은 것은 참으로 고마운 일이지만, 약물 위주 연명 치료에 대한 윤리적인 문제에 대해서는 고민을 해야 한다. 따라서 OECD 평균의 9배에 달하는 요양 병상이 더 생기기 전에 약물 사용을 줄이고 운동과 재활에 대한 중요성을 알려야 한다.

2 STEP
마이오카인

        앞으로 의료영역의 디지털 헬스케어 시장이 어떤 식으로 진화할지 미지수지만, 아직 '치료'가 필요한 질환이 있는 경우에는 병원에 가서 치료를 받아야 한다. 하지만, 예방의학적 차원의 디지털 헬스케어 시장의 규모는 이미 대면 시장을 넘어서고 있다.

  우리는 집에서 각종 건강 전문가들이 만들어 놓은 무료 동영상을 통해 손쉽게 나에게 필요한 정보를 얻으며, 헬스장에 가지 않고도 영상매체를 통해 전문가의 지도를 받으면서 운동할 수 있다.

  최근 필라테스가 선풍적인 인기를 끌었으며, 에어로빅, 요가, 줌바댄스, 자이로토

닉, 스피닝 등 수많은 종류의 운동이 있다. 요즘에는 집에서도 간편하게 따라 할 수 있는 운동이 많은데, 이러한 운동들은 각각 고유의 특징들을 갖고 있다. 그리고, 모든 운동은 개개인의 컨디션에 맞는 강도로 적절히 시행되었을 때 건강에 이로운 작용을 한다.

'운동이 건강에 좋다.'라는 것은 누구도 부정할 수 없는 사실이지만, 아이러니하게도 생리학적인 측면에서 운동이 신체에 이로운 작용을 하거나 통증을 완화하는 기전에 대해서는 명확한 근거가 없었다. 한 예로, 여러 운동센터들이 간판에 재활이라는 슬로건을 걸고 영업을 하고 있다. 이들 운동센터에 방문하는 사람들은 대개 여러 병원을 다녀봤으나 해결되지 않는 고질병 때문에 고통받는 사람들이 많다. 그리고 이 환자 중 많은 사람은 실제로 병원에서 해결하지 못한 질환을 운동으로 완화시키는 경험을 한다.

이러한 운동의 효과에 대해 어떤 이는 신체 밸런스가 무너진 원인이라며 교정 운동을 통해 통증을 완화하기도 하며, 근력 불균형과 근육의 동원순서를 바로잡기도 하며, 호흡 조절을 통해 질환을 완화하기도 한다. 하지만 같은 환자를 두고도 다르게 평가하고, 전혀 다른 운동을 중재하는 이 가설들은 아직 소설에 불과하다.

필자는 이 모든 가설을 존중한다. 왜냐하면, 결론적으로 실제 이 운동들이 주사와 수술로 고치지 못하는 질환을 치료하는 효과를 내고 있고, 아직도 '만들어지고 있는 과학(Science in the making)*'이기 때문이다.

* 만들어지고 있는 과학(Science in the making) : 의료업계에서 잘 사용하는 단어는 아니지만, 혈 자리의 실체를 현대의학적으로 검증하고자 했던 실험실에서 일어난 일들을 서술한 과학 철학 논문에서 사용한 용어이다. (봉한관에서 프리모관으로 – 과학적 연구대상의 동역학 – 김연화. 2015.)

앞에서는 대부분 정형외과 질환에 쓰이는 약물에 대해 설명했으며, 뒤에는 운동과 주사치료의 효과 비교에 대한 논문을 예로 들었지만, 어떤 경우에는 주사보다 운동이 우선시되어야 하는 부분은 의학적으로 분명히 존재한다.

필자는 물리치료사로서 현대의학(병원)을 부정하는 사람이 아니다. 인간의 기대수명을 늘려준 약물에 대하여 고맙게 생각하며 지금도 고생하고 있는 의사 선생님들을 존경한다. 단, 운동의 효과에 대해 의사도 납득할 수 있는 과학적인 근거를 제시하고 이 책을 통해 내 이웃들의 건강수명과 삶의 질이 향상되기를 바랄 뿐이다.

실제 있었던 한 가지 일화가 있다.

필자가 근무했던 병원에는 척추 권위자로 유명한 의사 선생님이 계셨다. 필자가 근무한 시기에 그 의사 선생님이 목 척추 질환으로 수술을 두 번 하셨다. (오래된 기억이지만 Laminectomy*를 두 번 하셨던 것으로 생각된다.)

* Laminectomy : 척추 뼈의 뒤쪽 구조물인 후궁을 제거하는 수술. 척수 또는 추간판을 노출하기 위해서 시행하기도 하며 신경이 눌리는 것을 완화하기 위해서 시행할 수도 있다.

Laminectomy를 2번이나 했음에도 통증은 지속되었으며, 늘 목 보조기를 착용하고 다니셨다. 그러던 어느 날 물리치료실에 도수치료를 받으러 오셨는데, 필자는 단순한 원리로 치료를 했으며 적용한 치료는 표의 내용과 같다.

흉추 이완/가동술 : 경추 스트레스를 줄이기 위해

흉근 이완 : 경추 스트레스를 줄이기 위해

경추 이완/분절 미끄러짐 : MRI 상 3번 or 4번 경추가 후방으로 상당히 밀려 있고 불안정이 심해 약간의 신전만 하려고 해도 저림증상이 심해졌다. 그래서 단순한 원리로 환자는 바로 누운 자세에서 치료사의 손가락으로 환자의 3번 or 4번 경추를 10분 정도 받치고 가만히 있었다.

경추 간헐적 견인 : 신경 협착 이완

신경가동술 : 신경 협착 이완('제3장 신경가동술'에 시행 방법을 기재했다.)

결과는 매우 성공적이었다. 치료 직후 모든 저림증상과 통증이 즉시 완화되었으며 경추를 신전하는 데도 문제가 없어졌다.

Surgeon*인 의사 선생님 입장에서 수술을 2번이나 했음에도 그대로였던 통증이, 손으로 30분 만졌는데 즉각적으로 사라진 것을 매우 신기하게 생각하셨다.

의사 선생님은 대체 이걸 어떻게 한 거냐고 재차 반복해서 물어보셨었다. 외과적인 해결에 범접할 수 없는 노력을 평생 해오신 Surgeon 입장에서는 이런 현상을 이해하기 힘든 것이 당연했을 것이다. 선생님은 그날 한 번의 도수치료로 이후 1주일 동안 아무런 문제가 없었다.

하지만 1주일째 되는 날 미용실에서 머리를 감으며 목을 과하게 젖히자 다시 통증이 발생했고 아쉽게도 그 이후 도수치료에서는 이런 드라마틱한 효과는 나타나지 않았다.

생각해 보면, 첫 번째 치료 후에 있었던 드라마틱한 효과는 이것 때문이었을 것으로 생각된다. 의사 선생님은 3번 or 4번 경추가 뒤로 밀려 있고 그로 인해 후궁이 좁아져 있었다(구조적 상태). 이러한 상태는 분절의 구조를 유지하고 있는 인대와 근육들의 불안정이 동반하여 가속화 되고 있는 상태일 것이고, 그로 인해 뒤로 젖힐 때 3~4번 or 4~5번 경추에 과한 운동(신전 시 후방활주)이 일어나서 쉽게 후궁의 협착을 유발했을 것이다(기능적 유추). 그래서 외과적으로 후궁을 넓혀주는 Laminectomy를 2번이나 했음에도 불구하고 수술대에 누워있는 상태가 아닌 기능적인 활동을 할 때는 통증이 발생했을 것으로 생각된다.

치료를 위해 당시 적용한 도수치료 기법들의 복합적인 효과가 문제 분절에 스트레스와 과한 후방 활주를 방지해줌으로써 통증이 완화되었을 것이다.

만약 미용실에서 과하게 뒤로 젖히는 것과 같은 자극적인 활동 없이 두세 달을 조심했다면 문제가 있는 분절의 안정성을 담당하는 인대조직이 충분히 회복되어 그 상태를 유지할 수 있지 않았을까 하는 생각이 든다.

이 사례에서 설명한 '기능적 유추'는 사실이 확인되지 않은 필자의 가설이다. 앞서 얘기한 호흡, 불균형, 근육의 동원순서를 포함해 근막경선, 혈자리 등 운동과 도수치료의 효과를 설명하는 이러한 가설은 수도 없이 많다. 이 또한 '만들어지고 있는 과학'이다. 이 과학의 상태에 있는 운동과 도수치료 기법들은 병원 곳곳에서 널리 쓰이며 분명히 효과를 내고 있다. 그리고 이 책에서는 '만들어지고 있는 과학'의 이론이 아닌, 통증을 완화하는 운동의 효과를 현대의학적으로 입증할 수 있는 강력한 호르몬을 소개하고 그 운동방법들을 알려준다. 이 호르몬의 발견으로 인해 '운동이 건강에 좋다'는 고전적인 참 명제가 비로소 과학적인 사실이 되었다.

운동을 통해 분비되는 이 호르몬은 기억 학습에 영향을 줘 치매를 예방하고 치료하며, 암세포를 억제하고, 지방세포의 증식을 억제하며, 염증과 통증을 조절, 단백질을 합성한다. 신이 내린 만병통치약이라고 불러도 부족함이 없다.

근육에서 분비되는 호르몬 중 2012년에 발표된 '아이리신'이라는 호르몬이 의학계에 엄청난 파장을 일으켜 마이오카인이 주목을 받기 시작했다. 강남세브란스 내분비내과 안철우 교수님이 쓰신 〈근육에서 나오는 만능 호르몬, 마이오카인〉(안철우, 김유식, 정혜경)〉에서는 2012년 아이리신의 발견이 의학계에 메가톤급 파급력을 가져왔다고 표현한다. 이책에 따르면 근육은 수많은 이로운 호르몬을 저장하고 있는 '곳간'이며, 이 곳간의 문을 열 수 있는 유일한 열쇠는 바로 '운동'이라고 표현했다.

1) 마이오카인 호르몬

호르몬은 신체 내분비기관에서 생성되는 화학물질을 통틀어 일컫는 말이며, 그 종류와 작용이 아직까지 모두 밝혀지지 않았다. 우리 신체의 모든 신진대사는 아직 전부 밝혀지지도 않은 수많은 호르몬의 작용에서 시작한다. 각각의 호르몬들이 상호작용을 통해 감정을 조절하기도 하고 식욕, 잠, 염증, 통증 조절, 단백질 합성 등의 역할을 하며 항상성을 유지한다.

그런데 2000년대에 들어 근육에서 분비되는 호르몬이 잇달아 발견되고 있으며, 2012년 아이리신이라는 호르몬이 발견되어 학계에서 엄청난 주목을 받기 시작했다.

아이리신을 포함해 근육에서 분비되는 호르몬들은 통칭 '마이오카인'이라 부른다. 현재까지 밝혀진 마이오카인의 역할은 비만과 당뇨 예방, 기억 학습, 심혈관계 대사, 노화 방지, 코르티솔 분비, 염증 제어, 골격 형성 등 신체 전반적인 건강상태에 폭넓게 작용한다.

최근 연구에서는 암세포를 마이오카인이 포함된 혈액에 노출시킨 결과 암세포 증식이 억제되었다고도 한다. (JIN-SOO KIM1,2, REBEKAH L. WILSON1,2,3, DENNIS R.

TAAFFE1,2, DANIEL A. GALVÃO1,2, ELIN GRAY2,4, and ROBERT U. NEWTON1. 2022.)

마이오카인은 운동 후 근육의 재합성과 함께 발현되며, 마이오카인의 분비를 위해서는 낮은 강도가 아닌 적절한 중·고강도 운동이 효율적이다. 이 얼마나 고마운 일인가? 적절한 운동 중재로 분비된 마이오카인을 이용해 건강을 지킬 수 있다. 또 마이오카인은 비만을 유발하는 백색지방을 갈색지방으로 유도해 에너지 소비량을 증가시키고 다이어트에 도움을 준다.

사람들은 운동하면 칼로리를 소비해 살이 빠지고, 근육량이 증가하면 기초 대사량도 증가해서 쉽게 살이 찌지 않는 것으로 알고 있다. 운동으로 소비되는 칼로리는 대략 계단 오르기 1시간=450kcal, 수영 1시간=600kcal, 자전거 1시간=550kcal이며 짜장면 한 그릇은 800kcal이다. 다시 말해, 계단을 한 시간 동안 올라야 짜장면 반 그릇 수준의 칼로리를 소모한다는 말이다. 그리고 근육량이 1kg 증가하면 기초 대사량은 13kcal 증가한다. 따라서 근육량이 증가한다고 해서 높아지는 기초 대사량은 아주 미미한 수준이다.

이는 운동을 통한 직접적인 칼로리 소모나 근육량이 다이어트에 영향을 끼치지 않는 것은 아니지만 적절한 운동을 통해 분비되는 마이오카인이 주는 효과가 더욱 클 수 있음을 시사한다. 적절한 중·고강도 운동으로 분비된 호르몬들의 신체 방어기전은 운동 후 최대 48시간까지 남아 우리를 보호한다. 또 고강도 운동 후에 지방 대사는 운동이 끝난 후에도 지속된다는 것이 널리 알려진 사실이다.

다음으로 마이오카인의 염증 조절, 단백질 합성 등의 작용으로 인한 치료의 측면을 살펴보자.

2021년 〈만성 발바닥 근막염 환자에게 물리치료와 코르티코스테로이드 주사가 미치는 효과 비교〉(추연기, 김현수. 2021)'에서는 족저근막염 환자를 두 그룹으로 나눠 한 그룹에는 충격파+고부하 강화운동을 적용하고 또 다른 그룹에는 스테로이드 주사치료를 적용했다. 그 결과 12주 이상이 되는 시점에서 충격파+고부하 강화 운동을 받은 그룹이 눈에 띄게 우수한 치료 효과를 보였다. '고부하 강화 운동'은 마이오카인을 분비하고, 마이오카인은 단백질 합성 등 질환을 완화할 수 있는 긍정적인 작용을 한다. 그러니까 고부하 강화 운동을 통해 상처 부위에 마이오카인이라는 약을 발라 질환을 치료한 것이다.

족저근막염과 같은 만성 건염은 주로 과사용으로 인해 생기는 질환으로 전문가의 세심한 운동 부하 조절이 필요하다. 만약 너무 낮은 강도의 운동을 했을 경우 치료적 운동이 과사용 되어 질환을 더 악화시킬 수도 있었을 것이다.

낮은 강도의 운동은 마이오카인을 효율적으로 분비하지 못한다. 연구 결과에서 보이듯 근골격계 질환에는 약물사용보다 물리 치료적 중재가 더 우선시 되어야 하는 경우가 많다. 또 각종 관절 수술 후 재활은 고부하 강화 운동이 아닌 조직의 회복 단계에 맞추어 운동 부하를 점진적으로 늘려나가야 한다. 의사가 부작용을 조절해 약물을 사용하듯, 운동 또한 전문적이고 세심한 조절이 필요하다. 병원에서 물리치료사는 환자를 치료할 때 독자적으로 평가하고 그에 따라 적절한 치료적 중재(도수치료, 재활운동)를 시행하고 있다.

1장에 서술했듯이, 만성 건염에 스테로이드 주사를 맞으면 당장은 마법처럼 통증이 사라지지만 재발률이 대폭 증가하고 고질적인 질환으로 발전할 수 있다. 게다가 심한 경우는 파열되기도 한다.

2011년, 노인을 최장 12년까지 추적 관찰한 15개의 논문을 분석한 연구에 따르면, 고강도 운동은 치매 위험도를 35~38% 감소시킨다(내과학회지)고 했다. (힘들어야 '진짜운동'…말 못 할 만큼 숨차야 효과. 이금숙 기자. 헬스조선. 2018)

고강도 운동은 체중 감량에 탁월한 효과가 있을 뿐 아니라 고혈압이나 당뇨, 심장질환 등 대사성 질환의 위험을 크게 낮춰준다. 미국 하버드 의대 매사추세츠 종합병원(MGH)에서는 45~66세의 중년 남녀 411명을 대상으로 12분 동안 고강도 운동이 신체에 어떤 변화를 가져오는지 연구했다. 중년 남녀 참가자들에게 12분 동안 자전거를 고강도(개인별 최대 심박수의 90% 이상에 도달)로 타도록 한 뒤 혈액검사를 통해 대사체(대사산물)를 측정했더니 당뇨, 심장병, 고혈압 등과 관련이 있는 대사체 글루타메이트가 29% 감소했고, 간질환, 당뇨와 관련된 디메틸구아니딘 발레레이트(DMGV)의 수치는 18% 감소했다. ([와이파일] 고강도 운동의 놀라운 효과…체중 감량 효과↑ 대사질환 위험↓ 2020)

어느 뉴스 기사의 내용을 빌리면, 오지 탐험가이자 저널리스트인 댄 뷰트너는 세계적인 장수마을로 일본의 오키나와섬, 이탈리아의 사르데냐섬, 코스타리카의 니코야, 그리스의 이카리아섬, 미국 캘리포니아주의 로마 린다 등을 선정했다.([위크엔드] 모나코 기대 수명 89세 최고…금연, 콩류 섭취 높을수록 장수. 문영규 기자. 헤럴드경제)

댄 뷰트너는 이 장수마을의 공통적인 특징을 나열했는데 필자의 눈에 띄는 문구가 있었다.

"이들의 삶 속엔 항상 적당하고 지속적인 육체적 행동이 있었고 일상생활과 밀접한 연관이 있었다."

사람은 움직여야 한다.

건강을 위해서 운동하는 사람은 많지만 '운동강도'에 대해서는 깊이 고려하지 않는 경향이 있다. 그러나 운동으로 건강 효과를 누리려면 자신이 적절한 강도로 운동을 하고 있는지 살펴봐야 한다. 적절한 강도의 운동을 통해 분비되는 마이오카인을 잘 이용해야 한다.

운동하면 활성산소와 염증이 증가하고 신체는 이에 대항한다. 이 과정에서 발생하는 항산화, 항염증 작용을 통해 우리는 더 건강해진다. 마이오카인의 발견과 함께 최근에는 중·고강도 운동에 대한 연구가 활발히 진행되고 있으며, 각종 질환과 건강상태 개선을 위해 고강도 운동이 강조되고 있다. 하지만 마이오카인 분비에 최적화된 개인의 체력에 맞는 운동의 강도를 입증한 연구자료는 없다.

단, 첫째, 운동할 때는 숨이 차야 한다. 둘째, 근육통이 생길 정도로 해야 한다. 이 두 가지를 만족하는 운동이 건강에 더욱 이롭다는 것은 분명한 사실이다.

2) 마이오카인 고강도 운동법

1. 150분 이상 운동하라.

주당 최소 150분의 중강도 유산소 운동이나 75분의 고강도 유산소 운동을 한다. (혹은 두 가지를 조합해서 시행한다.)

2. 앉아있는 시간을 줄이고 더 움직여라.

최대한 일어나서 활동한다. 모든 신체활동은 아무것도 하지 않는 것보다 낫다. 가벼운 강도의 활동이라도 앉아서 생활하므로 발생할 수 있는 심각한 건강 위험을 예방할 수 있다.

3. 강도를 올려라.

적절한 강도의 격렬한 유산소 운동이 가장 좋다. 심장이 더 빨리 뛰고 숨이 차도록 운동해야 한다. 익숙해지면 강도를 늘려야 한다.

4. 근육을 키워라.

위 유산소 운동에 최소 두 번은 중·고강도 근력운동을 추가한다. (저항운동, 웨이트 트레이닝)

미국 심장협회에서는 위와 같이 권고한다.

이에 마이오카인과 고강도 운동의 효과를 검증한 자료를 종합하면 매일 20~30분 인터벌 트레이닝(Interval training)*이 건강에 가장 좋다는 결론에 도달한다.

* 인터벌 트레이닝(Interval training) : 고강도 운동과 저강도 운동을 연달아 배치하여 체력을 단련하는 훈련 방법. 고강도 운동으로는 폐활량과 체력을 키울 수 있고 저강도 운동은 젖산이 근육에 쌓이지 않도록 분해시켜 주는 역할을 한다. 이처럼 고강도, 저강도 운동을 3~5회 반복하여 체력을 단련하는 것이 인터벌 트레이닝이다.(네이버 지식백과)

또 운동 후 발현되는 신체 방어기전이 최대 48시간까지 유지되기 때문에 운동을 매일 하지 못한다면 하루 40분 + 주 3~4회 시행해도 문제없다. 호흡이 넘어갈 것처럼 가쁘고 근육통이 생길만한 강도의 운동과 가벼운 운동을 반복하는 인터벌 트레이닝은 유산소 운동과 무산소 근력운동을 동시에 할 수 있는 아주 효율적인 운동방법이다. 마이오카인 운동은 바로 개개인의 근력과 폐활량을 고려한 유·무산소성 운동이 적절하게 조합된 중·고강도 인터벌 트레이닝이다.

앞에서 서술한 마이오카인 호르몬에 대한 내용은, 책을 쓰며 마이오카인 운동의 효과를 직접 경험한 필자의 확신이 필요했고 따라서 마이오카인 운동을 실천해 보았다. 필자는 책을 쓰며 신체 활동량이 매우 떨어져 가만히 있다가도 가슴이 답답하고 숨이 찬 느낌이 들었으며 부정맥의 증상과 같이 이따금 심장이 두근거리는 증상이 있었다. 그래서 계단 오르기와 제2장에 서술한 '집에서 하는 마이오카인 운동'을 조합해 하루 20~30분씩 하기 시작했다.

계단을 오를 때는 뛰지 않되 최대한 빠른 걸음으로 올랐으며, 처음에는 17층에서 더이상 움직이지 못할 만큼 숨이 찼고, 다 오른 후에도 몇 분간 허벅지에 근육통이 지속되었다. 2주간은 큰 변화를 못 느꼈지만 매일 지속한 결과 정확히 2주가 되는 시점에 갑자기 큰 변화가 찾아왔다.

가만히 있다가도 심장이 두근거리는 것과 가슴이 답답하고 숨이 차는 증상이 나타나는 빈도가 2주차부터 급격하게 줄어들었다. 그리고 계단 오르기 수행능력은 20층을 두 번 연달아 올라야 첫날 17층을 한번 오른 정도의 강도로 느껴졌다. 심박수를 측정해보니 20층을 최대한 빠른 걸음으로 연달아 두 번 올라야 170bpm에 도달했다. (20층을 오른 뒤 엘리베이터를 타고 내려가서 바로 다시 20층을 올랐다.)

식단과 생활 패턴이 전혀 바뀌지 않았음에도 불구하고 6주차에 체중이 3킬로그램 줄었다. 건강을 위해 운동하기 때문에 현재는 계단 오르기(20층 5번)와 제2장 '집에서 하는 마이오카인 운동'을 20~30분 하고 있으며, 더이상 운동강도를 올리지 않는다.

따라서, 이 책의 제2장에서는 관절 건강을 지키며 마이오카인 분비를 높일 수 있는 최적의 운동법으로 '집에서 하는 마이오카인' 운동을 자세와 함께 상세하게 설명한다.

3 STEP
대표적인 마이오카인 운동법

개인에게 맞는 마이오카인 운동의 강도설정을 위해 심박수에 대한 이해가 필요하다. 심박수는 1분당 심장이 뛰는 횟수를 말하는데, 일반적인 성인의 휴식기 심박수는 분당 60~100회이다. 휴식기 심박수는 잠에서 깬 직후 잠자리에서 일어나기 전 안정한 상태에서 측정하는 것이 가장 정확하다. 휴식기 심박수가 분당 60회 이하면 서맥이라고 하고 분당 100회 이상이면 빈맥이라고 한다. 심박수는 운동을 하면 빨라진다. 이것을 이용해서 개인에게 맞는 운동 강도를 알아볼 수 있다. 우선 나이에 따른 최대 심박수는,

$$207 - (나이) \times (0.7) = 최대 심박수$$

위 공식으로 구할 수 있다.

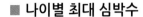

나이별 최대 심박수

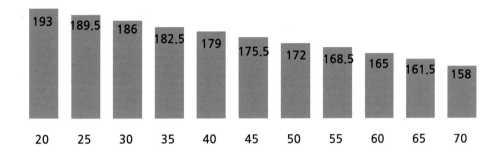

193	189.5	186	182.5	179	175.5	172	168.5	165	161.5	158
20	25	30	35	40	45	50	55	60	65	70

마이오카인 운동에서 강조하는 부분은 더 많이 더 힘들게 운동하는 것이다. 개인 컨디션에 따라 표에 있는 최대 심박수보다 더 높은 강도로 운동할 수 있는 사람도 있지만, 최소 일주일에 3~4회는 위 그래프에서 10~20을 뺀 심박수를 달성하는 목표로 운동을 해야 한다. 단, 운동하지 않던 사람이 갑자기 무리하게 운동할 경우 심장에 부담이 될 수 있으니 처음부터 심박수 달성을 목표로 하지 말고 약간 숨이 가쁜 정도로 시작해서 서서히 늘려가도록 한다.

심박수는 요즘 휴대폰에 연동된 시계를 통해 간편하게 확인할 수 있다. 심박수 확인이 힘든 경우 다음 문장 "지금 흘리는 땀은 내 삶을 더 윤택하게 만들어 줄 것이다." 라는 말을 한숨에 말하기 어려울 정도로 숨이 차면 된다.

1) 계단 오르기

유럽 심장학회에서 스페인 라코루냐 대학병원 연구팀은 계단 60개를 쉬지 않고 오르는데 90초 이상 걸린 사람의 58%가 심장 기능에 이상이 있었고, 시간이 덜 걸린 사람보다 10년간 사망률이 30% 더 높았다고 밝혔다. 또 다른 연구에서는 호흡곤란을 느끼기 전까지 10MET(metabolic equivalent)를 달성하지 못하면, 달성한 사람보다 심혈관질환으로 사망할 위험은 3배, 암으로 사망할 위험은 2배 더 높은 것으로 나타났다. (10MET = 최소 4층까지 멈추지 않고 계단을 오를 수 있는 정도.)

미국 하버드대 연구팀은 10층 계단을 1주일에 두 번만 올라도 심근경색으로 인한 사망률이 20% 줄어든다고 밝혔다. (계단 60개, OO초 안에 못 오르면 심장 이상 신호. 이슬비 헬스조선 기자. 2022.)

계단 오르기는 현대인에게 접근성이 좋으며 꾸준하게 지속하기 좋은 운동이다. 숨

이 차고 허벅지 근육에 근육통이 생길 정도의 강도로 올라야 마이오카인 분비에 효과적이다. 그러기 위해서는 자신의 체력에 맞는 강도로 시작하여 점진적으로 운동량을 늘려가야 한다.

계단을 오를 때는,

1. 허리를 곧게 펴고 시선은 정면을 본다.

2. 엉덩이에 더 많은 운동 자극을 원한다면 뒤꿈치로 딛고 올라간다.

3. 허벅지에 집중하고 싶다면 뒤꿈치를 들고 올라간다.

4. 한 번에 두 계단씩 오르는 것이 마이오카인 분비에 더 효과적이다.

5. 관절 건강을 위해 내려갈 땐 엘리베이터를 이용한다.

* 심장질환이 있다면 약간 숨이 가쁜 정도의 강도로만 하되 꾸준히 늘려가야 한다. 협심증, 심근경색 등의 심장질환에는 심장에 무리를 주는 운동을 하면 안 된다고 생각하는데 전혀 그렇지 않다. 약간 숨이 찰 만큼 운동을 하는 것이 심장 재활에도 좋다. 단, 주치의 선생님과 꼭 상의하길 바란다.

계단 오르기는 필자가 하는 운동이다.

직장을 그만두고 신체활동이 떨어지자, 가만히 있다가도 가슴이 두근거리고 호흡이 답답해지는 증상이 발생했고 건강이 염려되어 계단 오르기를 시작했다. 최대한 빠른 걸음으로 계단을 올라 심박수 170을 달성하는 것을 목표로 했다. 심박수 170을 목표로 매일 4회 올랐다. 그러자 2주차가 넘어가는 시점에 가슴이 두근거리고 호흡이 답답한 증상이 모두 없어지고 운동 수행능력도 2주차가 지나는 시점에 갑자기 증가했다. 처음에는 15층이 버거웠지만, 지금은 아파트 최고층(20층)을 두 번 연달아 올라도 무리가 없으며, 두 번째 올랐을 때 심박수 170을 달성했다. 하루에 80층 정도를 주 3~4회 오르고 있다.

1. 계단 오르기의 최적의 운동강도를 정하기 위해 먼저 쉬지 않고 오를 수 있는 높이까지 최선을 다해 올라 본다.

2. 개인 컨디션에 따라 다르겠지만 한 층을 오르는 데 10초 이내의 속도를 유지하는 것이 좋다. (상가가 아닌 아파트로 보통 한 층에 16계단 기준)

3. 최선을 다해 오른 높이의 80%를 하루에 세 번 오르는 것으로 목표를 정한다. (최선을 다해 올랐는데 10층이라면 8층까지 하루 3번 오른다.)

4. 80%까지 올랐다면 엘리베이터를 타고 내려가 호흡이 돌아올 때까지 평지를 걷다가 다시 올라간다.

가장 중요한 것은 계단을 오를 때 운동 강도로 한번을 오르더라도 80%의 강도를 유지해 숨이 차고 허벅지에 근육통이 있어야 한다. 그래야 마이오카인이 나온다. 또 계단을 오르고, 평지를 걷는 시간 모두를 포함해 20분 이상 운동을 해야 효과적이다.

2) 자전거 타기

미국심장협회 운동 가이드라인에 따르면 일주일에 최소한 150분 중강도 운동 혹은 75분 고강도 운동을 해야 한다. 일주일에 300분 이상 중강도 운동을 하면 더 큰 효과를 누릴 수 있다. 저강도 운동은 효과가 거의 없고 중강도 이상은 해야 하는데, 중강도란 심장이 빨리 뛰고 호흡이 평소보다 가빠지는 상태이다. (힘들어야 '진짜운동'…말 못 할 만큼 숨차야 효과. 이금숙 기자. 헬스조선. 2018)

최근에는 '고강도 운동'이 강조되고 있는 추세인데, 여기서 말하는 고강도 운동 중 자전거 타기는 1시간에 16km 이상 타는 것을 말하며, 일주일에 최소 2회 근육운동을 해야 한다고 권고하고 있다. 그리고 강도를 더 높여 자전거를 타며 근력 운동을 동시에 할 수 있다.

효율적인 자전거 타기는 실외에서 타는 것보다 실내자전거를 이용하는 것이 좋다. 또 실내자전거는 허리가 앞으로 굽어지는 사이클 형태보다 허리를 곧게 펴고 탈 수 있는 자전거가 좋다.

실내자전거를 탈 때는,

1. 체중이 약간 앞쪽에 실린 상태에서

2. 허리를 곧게 펴고 타야 한다.

허리는 펴고 있어야 하지만, 체중이 약간 앞쪽에 실려 있어야 척추를 잡아주는 코어 근육까지 활성화되기 때문에 훨씬 더 운동 효과가 좋아진다. 그리고 마이오카인 분비를 위해서는 자전거 페달에 적절한 저항이 있어야 한다. 페달 저항을 체중의 1/3 정도가 적정하며 최대 3분까지 지속할 수 있는 속도의 70%로 페달을 밟는다. 3분에 도달했을 때 숨이 차고 허벅지와 엉덩이에 근육통이 있어야 한다. 3분 시행 후 호흡이 돌아올 때까지 휴식한다. 숨이 돌아오는 데 필요한 휴식시간은 사람마다 다르겠지만, 어쨌든 휴식시간을 포함한 전체 운동시간이 20분 이상 되어야 한다.

3) 달리기

달리기는 현대인에게 접근성이 높은 좋은 운동이다. 달리기 또한 고강도 인터벌 트레이닝(HIIT)으로 시행하면 그냥 달리는 것보다 심폐지구력과 혈관 탄력, 심장 기능에 더 좋다.

2018년 런닝과 사망률 관계를 조사한 메타분석 연구에 따르면 달리기가 취미인 사람들은 암, 심혈관질환과 연관된 모든 원인으로 인한 사망률이 23~27% 감소했다. (Is

running associated with a lower risk of all-cause, cardiovascular and cancer mortality, and is the more the better? A systematic review and meta-analysis. Zeljko Pedisic et al. 2018)

또 평균 연령 44세의 성인 55,138명을 대상으로 한 연구에서는, 달리기를 하는 사람은 달리기를 하지 않는 사람보다 심혈관 관련 사망률이 45% 낮아진다는 결과가 있었다. (Leisure-Time Running Reduces All-Cause and Cardiovascular Mortality Risk. Duck-chul Lee, PhD et al.)

달리기할 때는 다음과 같이 한다.

1. 3분 동안 70%의 체력을 쏟을 정도의 속도로 달린다.

2. 속도를 줄일 때 서서히 줄이는 것이 관절을 지키는 핵심이다.

3. 숨을 고르며 3분을 걷는다.

달리기는 아주 좋은 운동이지만 근력운동을 병행해 주는 것이 좋다. 여기서 말한 인터벌 형식으로 달리는 것도 좋지만, 다른 근력운동을 하고 나서 10분 혹은 20분 숨이 약간 가쁜 상태를 유지하며 달리는 등 유산소 운동과 근력 운동을 병행해 주는 것이 좋다.

운동 효과와 관절의 마모를 저울질함에 있어 계단 오르기나 실내 고정식 자전거, 제자리뛰기가 더 효율적인 운동이기 때문에, 40대가 넘어가는 분들은 달리기는 주력 운동으로 하기 보다는 보조적인 운동으로 활용하는 것이 좋다.

4) 수영

물속에서는 팔만 흔들어도 부력의 저항 때문에 온몸의 코어 근육들이 쉽게 활성화 된다. 때문에 칼로리 소모가 매우 크며, 일상생활 속에서는 받지 않는 저항에 노출됨으로 운동 피로도가 높다. 꾸준히 다른 운동을 하던 사람도 수영하고 나면 그날 꿀잠 예약일 정노로 피로도가 높다.

수영은 흔히 '무릎에 좋은 운동', '허리에 좋은 운동'으로 많이 알려져 있다. 하지만 수영은 기록을 내는 운동경기 종목으로 건강을 위해서는 영법마다 주의할 점이 있는데, 수영의 모든 영법에서는 어깨의 충돌은 불가피하게 발생하기 때문에 어깨는 논외로 한다. 기본적으로 어깨에 통증이나 문제가 없는 사람이 해야 한다.

영법 중 자유형이 가장 안전하며 효율적인 운동이다. 수영이라는 운동 퍼포먼스에 욕심이 있는 사람이라면 평영, 접영, 배영 모두 좋겠지만 건강을 위해 시간을 내서 운동한다면 자유형만 하는 것을 추천한다.

첫 번째, 평영은 발로 물을 차는 과정에서 무릎에 많은 부담을 준다.

물을 차며 무릎을 펴는 과정에서 무릎관절에 외회전 + 외전력이 발생하고 이로 인해 관절을 싸고 있는 내측 측부 인대를 포함한 관절낭에 스트레스가 집중된다. 내측 관절낭에 가해진 스트레스는 내측 반월상 연골을 잡아당기며 외측 반월상 연골에는 압박 스트레스를 제공한다. 이로 인해 추벽증후군이 발생하거나 악화될 수 있다. 간혹 연골이 찢어져 있거나 관절염이 있는 경우 갑자기 통증이 악화되기도 한다. 실제 평영을 하고 무릎 통증이 악화되어 병원에 오는 경우가 더러 있다.

두 번째, 접영은 허리를 조심해야 한다.

접영을 할 때는 상체가 물 밖으로 나오기 위해 허리를 뒤로 젖히며 그 추진력을 발로 물을 차며 얻는다. 여기서 발생한 스트레스는 위아래 척추를 후방에서 연결해주고 있는 척추후관절에 무리가 된다.

허리의 척추후관절면은 신체를 좌우로 가르는 면으로 형성되어 있어 관절을 싸고 있는 후관절낭은 접영으로 인해 발생하는 스트레스에 취약하다. 따라서 접영을 하다가 허리에 통증이 발생하는 경우가 더러 있으며, 이는 척추후관절에서 발생한 염좌로 인한 증상인 경우가 대부분이다. 접영은 특히 디스크 질환이 있었거나 척추관협착증 진단을 받았다면 조심해야 한다.

마지막으로 배영은 어깨에 무리가 많이 간다.

'어깨충돌증후군'이라는 것은 그 자체로 질환이라기보다 어깨를 최대로 올렸을 때 어깨를 이루는 뼈와 뼈 사이에서 마찰이 일어나는 상태를 말한다. 그 마찰로 인해 뼈와 뼈 사이에 있는 힘줄, 활액낭에 염증이 생기고 통증이 발생한다. 배영은 이러한 뼈와 뼈 사이의 마찰을 반복적으로 발생시킨다.

자유형 또한 어깨 충돌은 발생하지만 배영보다 덜하다. 이러한 부상의 위험은 어느 운동에서나 존재하지만, 수영은 기록경기로 영법 자체가 건강을 위한 운동은 아니다. 이제 마냥 '무릎에 좋은 운동', '허리에 좋은 운동'이 아님을 올바로 인지해야 할 필요가 있다. (병원에 근무하다 보면 수영이 좋다고 해서 수영하다가 통증이 심해져 오는 환자들이 더러 있다.)

물에서 하는 운동은 부력으로 인해 많은 이점이 있기 때문에 '물속에서 빠르게 걷기' '빠르게 뒤로 걷기' 등의 운동을 통해 효율적으로 운동할 수 있다. 다시 말하지만, 물속에서는 팔만 흔들어도 공기 중에서 하는 운동에 비해 코어 활성도가 높고 평소에 잘 사용하지 않는 많은 근육들이 동원된다. 특히 노인과 코어가 약한 사람은 부력을 이용한 운동이 매우 효율적이다.

5) 등산

등산은 심폐기능, 근력, 근지구력 등 유산소와 무산소 복합 운동효과에 더해 정신적인 부분까지 케어할 수 있는 좋은 운동이다. 현대인들은 햇빛을 보는 시간이 거의 없다시피 사는 경우가 많으며, 한국은 93%의 국민이 햇빛을 충분히 쐬지 않는다고 한다. 햇빛은 93%의 한국 사람이 먹어야 하는 공짜 약이다.

등산을 통해 이 공짜 약을 쐬면 행복 호르몬이라 불리는 세로토닌이 분비된다. 세로토닌은 우울증을 완화할 뿐만 아니라 혈전 형성을 막고 위장기능을 향상하며 탄수화물의 과잉섭취도 막아준다. 비타민D를 합성해 암을 예방하고 뼈를 튼튼하게 한다. 그리고 혈압을 감소시키며, 수면의 질을 높여준다.

산속에 있는 피톤치드 또한 콘크리트 건물에 둘러싸여 사는 현대인들에게 꼭 필요한 유기 화합물이다. 피톤치드는 식물이 자신을 보호하기 위해 발산하여 주위의 미

생물 등을 죽이는 작용을 하는 물질이나 인간에게는 면역 강화, 항염, 항균, 항암 작용 등 많은 이로운 효과를 준다.

산을 오르는 것은 마이오카인 분비에 매우 효율적이다. 산을 오르다 보면 시시각각 변화하는 경사도나 지형지물로 인해 때로는 전신 근육을 사용하기도 하며 또 평지를 걷기도 한다. 즉, 유·무산소 운동이 결합된 복합 트레이닝이다. 등산은 효과가 좋은 만큼 주의할 점도 많은데, 가장 주의해야 할 것은 내리막길이다.

다음은 내리막길을 내려갈 때의 방법이다.

1. 발끝이 먼저 바닥에 닿도록 하며, 발끝이 먼저 체중을 지지해 주어야 한다.
2. 발이 바닥을 지지하는 순간 무릎을 약간 구부리고 있으면 더 좋다.
3. 뒤로 내려가거나 옆으로 내려가는 것도 방법이다.

내리막을 내려갈 때는 관절이 부담하는 하중이 평지를 걸을 때보다 3배 이상 늘어난다. 그래서 아무 생각 없이 발을 턱턱 내려놓게 되면 관절연골이 상하거나 다칠 수 있다. 그래서 발끝으로 바닥을 먼저 지지해야 한다. 발끝이 바닥을 먼저 지지함으로 종아리 근육이 수축하고 종아리 근육의 탄력이 관절 부담을 한번 더 줄여 준다. 또 무릎을 약간 구부린 상태에서 바닥을 지지하면 허벅지 근육의 탄력으로 관절 부담을 더 줄여 준다.

뒤로 내려가거나 옆으로 내려가는 것도 비슷한 원리로 근육의 힘으로 버티며 관절에 부담을 줄여 주기 위함이다. 따라서 내려갈 때는 근육을 사용하려고 하며 최대한 천천히 내려가는 것이 좋다.

보통 건강을 위해서 등산한다면 2시간 내에 마칠 수 있는 코스가 좋다. 적절한 스트레스는 신체 항상성 유지에 득이 되지만 과한 스트레스는 독이다. 등산이라는 운동 자체에 목표가 있고 그것을 성취함으로 삶의 질이 올라간다면 그 이상을 할 수도 있겠지만 단순히 건강을 위한다면 2시간 안에 마치는 것이 좋다.

도시에서 살아가는 현대인에게는 등산을 강력히 추천한다. 일반적으로 등산하고 난 다음 날 혈액 내 베타 엔돌핀의 양이 그 전날에 비해 10~20% 상승한다. 따라서 주말 동안 등산을 하며, 다음 한 주를 활기차게 시작하도록 준비해보는 것도 좋을 것이다. 관절이 허락한다면 주말에는 산에 오르며 맑은 공기를 마시고 햇볕을 쐬자.

6) 제자리 달리기

제자리 달리기는 무릎관절에 부담이 적어 비교적 나이가 많은 사람도 하기 좋은 운동이다. 공간의 제약을 받지 않고, 언제 어디서든 할 수 있는데 이를 고강도로 할 경우, 온몸에 근육이란 근육은 전부 동원되는 아주 좋은 운동이 된다.

제자리 뛰기로 마이오카인을 분비하기 위해서는 달리기를 할 때 팔을 앞뒤로 크게 흔들고 무릎을 배꼽까지 올리며 할 수 있는 한 빠른 속도로 뛰면 된다. 제자리를 빠르게 뛰면, 단순히 팔을 앞뒤로 움직이는 동작만이 아니라 팔에서 발생하는 관성에

제동을 걸기 위해 훨씬 더 큰 힘이 요구된다. 이렇게 팔·다리에서 발생한 힘은 다시 코어 근육에 의해 몸통에서 안정된다. 실제로 제자리 달리기를 해보면 알 수 있다. 빠르게 뛰면 복근에 어마어마한 힘이 들어간다. 전신의 모든 근육에서 마이오카인이 뿜어져 나온다.

제자리 달리기를 할 때는 다음과 같이 한다.

1. 양팔을 힘차게 앞뒤로 크게 흔들어야 한다.

2. 무릎을 배꼽 높이까지 당긴다.

3. 뒤꿈치를 들고 시행한다.

4. 최대로 낼 수 있는 속도의 70%로 달린다.

5. 숨이 턱 밑까지 차오르도록 지속한다.

6. 1~5번까지를 3세트 반복한다.

제자리 달리기는 반드시 양팔을 앞뒤로 크게 흔들고 무릎을 힘차게 들어줘야 더 많은 근육을 동원할 수 있다. 활동성이 매우 떨어지는 노인은 걷기도 좋은 운동이 될 수 있겠지만 걷기보다 더 나은 기능을 얻기 위해서는 내 몸이 어느 정도 버거워하는 활동을 해 줘야 한다.

위 설명만큼의 퍼포먼스(무릎을 배꼽까지 올리는)를 할 수 없는 노인은 내가 할 수 있는 만큼 따라 하면 된다. 30분도 길다. 책에서 소개하는 마이오카인 운동들을 하루에 한 가지씩 20분 해도 되고, 자신의 관절 상태에 맞는 운동들을 선택적으로 결합해서 20분 해도 된다. 중요한 것은 근육들이 버겁고 괴로워야 마이오카인이 나온다는 점이다.

집에서 하는

마이오카인 운동

앞서 설명한 등산, 계단 오르기, 제자리 달리기 등의 운동은 아주 좋은 마이오카인 운동이 될 수 있다. 하지만 늘 등산이나 계단 오르기만 한다면 효과적으로 건강을 증진시킬 수 없다.

의료기술의 발전과 함께 기대수명이 늘어나며 화두가 되는 또 다른 큰 문제가 바로 근감소증인데, 근감소증은 말 그대로 팔, 다리를 구성하는 근육량과 근력이 정상보다 떨어지는 질병이다. 나이가 들면서 자연스럽게 근육이 줄어들며 발생하기도 하지만, 영양 불균형 등으로 인해 젊은 나이에도 나타날 수 있다.

근육은 40대 전후로 줄어들기 시작해 60대가 되면 30%가 감소하고 70대에 급격히 줄어 80대가 되면 절반 가까이 감소한다. 기대수명의 증가, 인구 노령화와 함께 한국에서 새로운 문제로 급부상하고 있는 질환이며, 한국의 노인 3명 중 1명이 근감소증을 겪고 있다.

최근 밝혀지고 있는 마이오카인 호르몬의 역할을 살펴보면, 근감소증은 단순히 근육의 감소만이 아니라 신체 전반적인 컨디션과 건강 수명에 어마어마한 영향을 미친다는 것을 알 수 있다. 근감소증을 예방하고 완화하기 위해서 가장 중요한 것은 근력운동으로 제2장에서는 집에서 할 수 있는 맨몸운동을 소개한다. 여기에 소개된 운동들을 조합해 고강도 인터벌 트레이닝으로 훈련하면 최고의 마이오카인 운동이 될 것이다.

운동을 많이 해 보지 않은 사람은 책에 소개된 운동방법을 보아도 고강도 인터벌 트레이닝을 따라 하기 힘들 수 있어서, 향후 필자의 유튜브 채널[Actors body care]을 통해 '집에서 하는 마이오카인 운동'들을 조합해 하루 20분 운동 시퀀스를 소개하며, 독자들과 함께 꾸준히 운동할 예정이다.

스쿼트+라테럴 레이즈

대표적인 하체 운동인 스쿼트에 종아리와 어깨 운동을 가미한 복합 전신 운동이다.

적응증 하체 근육 약화, 어깨 근육 약화

* 적응증: 이 책에서는 해당 운동을 하면 좋아지는 경우를 표현한다.

마이오카인 종아리, 허벅지, 엉덩이

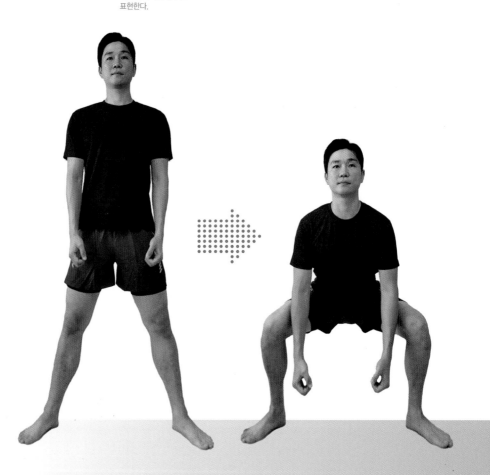

1 발은 어깨넓이로 벌려도 되지만 나에게 맞게 더 넓게 벌려도 상관없다.

2 양손은 편하게 내린 상태로 허리를 곧게 편다.

3 엉덩이를 최대한 뒤로 밀어주며 무릎이 직각이 될 때까지 앉는다.

4 이때 발끝이 향하는 방향은 위에서 볼 때 허벅지와 평행하도록 한다.

5 다시 일어서며 양팔을 벌려주며 일어서는 마지막에 뒤꿈치를 들어준다.

6 5번까지의 동작을 반복하되 근육이 아니라 무릎관절이 아프다면 아프지 않은 범위까지만 앉는 것이 좋다.

컨디션에 따라 세트당 다리에 근육통이 느껴질 정도의 횟수를 채우는 것이 마이오카인 분비에 효과적이다.

≫ 종아리 근육은 제2의 심장이다. 뒤꿈치를 들어줌으로 사지말단 근육까지 수축해서 더 효율적인 운동이 된다.

사이드 스쿼트+라테럴 레이즈

대표적인 하체운동인 스쿼트를 더 강도 높게 할 수 있는 운동이다. 무릎관절이 허락한다면 이 운동도 병행해서 다방면으로 근육 활성도를 높여주어 더 많은 마이오카인을 유도할 수 있다.

적응증 하체 근육 약화. 어깨 근육 약화

마이오카인 종아리, 허벅지, 엉덩이

1   발을 어깨의 두 배 넓이로 벌린다.

2   발은 무릎이 편안한 만큼 외회전한다.

3   운동하는 쪽 다리에 체중을 실으며 앉는다.

4   이때 체중이 실린 다리의 허벅지와 발은 위에서 볼 때 평행하도록
    한다.

5   다시 일어서는 동시에 양팔을 벌리며 운동하는 쪽 다리의 뒤꿈치를
    들어준다.

6   5번까지의 동작을 반복하되 근육이 아니라 무릎관절이 아프다면
    아프지 않은 범위까지만 하는 것이 좋다.

≫ 컨디션에 따라 세트당 다리에 근육통이 느껴질 정도의 횟수를 채우는 것이 마이오카인 분비에 효과적이다.

≫ 종아리 근육은 제2의 심장이다. 뒤꿈치를 들어줌으로 사지말단 근육까지 수축해서 더 효율적인 운동이 된다.

3 버피

버피는 간헐적 고강도 운동의 꽃이다. 동작이 복잡해 지루하지 않으며 동원되는 근육도 다양하다. 신체를 건강하게 하지만 너무 힘들어서 하고 나면 겸손해지는 운동이다.

적응증 하체 근육 약화, 코어 근육 약화

마이오카인 종아리 근육, 허벅지 근육, 엉덩이 근육, 허리 근육, 복부 근육

1   바로 선 자세를 취한다.

2   무릎을 구부리며 상체를 숙여 양손으로 바닥을 지지한다.

3   순서에 상관없이 한쪽 다리씩 뒤로 보내 엎드린 자세를 취한다.

4   팔굽혀 펴기한다.

5   다시 한쪽 다리씩 앞으로 가져온다.

6   일어서고 점프하며 양팔은 만세 자세를 취한다.

7   1~6을 반복한다.

≫ 더 이상 운동을 지속하지 못하는 지점은 폐활량이 될 수도, 팔굽혀펴기일수도, 일어서지 못할 수도 있다. 이중 어느 한 부분에서 한계가 오는 지점이 한 세트다.

≫ 손목관절 건강을 위해 손바닥보다는 주먹을 쥐고 바닥을 지지하는 것이 좋다.

≫ 앞서 설명했듯이 버피는 매우 힘들며 그 동작이 복잡하다. 또한 위에 설명한 운동에 동작을 추가해서 더 어렵게 응용할 수도 있고, 생략하고 쉽게 할 수도 있다. 예를 들어 엎드린 상태에서 무릎을 당기는 동작을 추가하거나, 무릎이 안 좋으면 6.의 점프하는 동작을 생략할 수 있다.

4 런지 트위스트

하체 근력운동에 더해 균형감각 훈련까지 더해진다.

적응증 하체 근육 약화, 코어 근육
약화

마이오카인 허벅지 근육, 엉덩이
근육

1 바로 선 채 양팔을 옆으로 벌린다.	≫ 상체를 회전할 때 반동을 이용하면 안 된다. 척추는 과도한 유연성이 질환을 만드는 경우가 가장 많다.
2 한쪽 발을 보폭의 두 배 앞으로 내민다.	
3 상체가 앞뒤로 쏠리지 않도록 그대로 아래로 내려간다.	≫ 혹시 무릎에 통증이 발생하는지 신경을 쓰면서 운동하자. 런지 자체로 고강도 운동수준에 도달하려 하기보다 런지는 보조적인 운동으로 가져가는 것이 좋다.
4 앞으로 내민 다리 방향으로 상체를 회전한다.	
5 제자리로 돌아온다.	
6 양쪽을 번갈아가며 시행한다.	

≫ 런지는 관절 건강에 있어 스쿼트보다 운동 효율이 떨어지지만, 다양한 형태로 운동하기 위해 런지 또한 필요하다. 한 가지 운동만 주구장창 하면 불균형이 발생할 수 있기에 런지도 무릎이 아프지 않다면 병행해야 할 하체 운동이다.

런지를 할 때 무릎이 아픈 이유로 연골연화증이 많은 부분을 차지한다. 연골연화증은 대퇴슬개관절에서 주로 발생하는데, 활동량이 많은 젊은 남성의 무릎은 MRI를 찍으면 정도의 차이는 있지만 대부분 관찰되는 질환이다.

런지가 연골연화증에 취약한 이유는 뒤쪽에 있는 다리의 대퇴사두근이 늘어난 상태에서 수축함으로, 비수축 구조물의 수동장력이 더해진 수축력이 대퇴슬개관절에 압박력으로 작용하기 때문인 것으로 추정되며, 실제 스쿼트를 할 때는 괜찮으나 런지 후 통증이 발생하는 경우가 더러 있다.

연골연화증이 젊은 연령층에서 호발하는 데는 이유가 있을 것이다. 런지는 다른 운동을 주력으로 가져가되 무릎에 통증이 없는 선에서 보조운동으로 추천한다.

5 라테럴 잭

전신 유산소 운동이다. 이 운동을 가볍게 할 수 있는 컨디션을 가진 젊은 사람은
워밍업 운동으로 하기 좋다.

적응증 어깨 근육 약화   **마이오카인** 어깨 근육

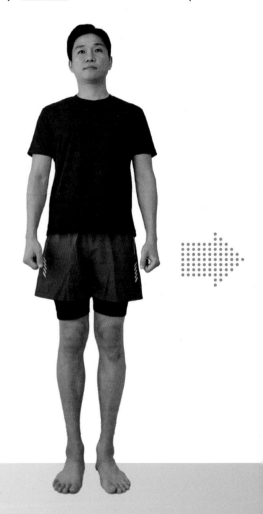

1 바로 선 자세에서 시작한다.

2 양팔을 옆으로 벌려 머리 위에서 손뼉 치며 한걸음 옆으로 이동한다.

3 손뼉 치며 좌우 교대로 한걸음 씩 이동한다.

≫ 어깨가 아프다면 팔은 어깨가
아프지 않은 범위까지만 올린다.

6 점핑 잭

PT체조, 팔벌려 뛰기로 불리는 기초적인 운동이지만 종아리, 허벅지와 어깨 근육까지 결코 강도가 낮은 운동은 아니다.

적응증 어깨 근육 약화

마이오카인 어깨 근육, 종아리 근육, 허벅지 근육

1   발을 모으고 똑바로 선 자세에서 시작한다.

2   점프하며 발을 벌리는 동시에 양옆으로 손을 들고 머리 위에서 손뼉 친다.

3   다시 점프해 발을 모으는 동시에 양손도 제자리로 내려온다.

≫ 무릎이 좋지 않다면 라테럴 잭을 한다.

≫ 어깨가 아프다면 팔은 어깨가 아프지 않은 범위까지만 올린다.

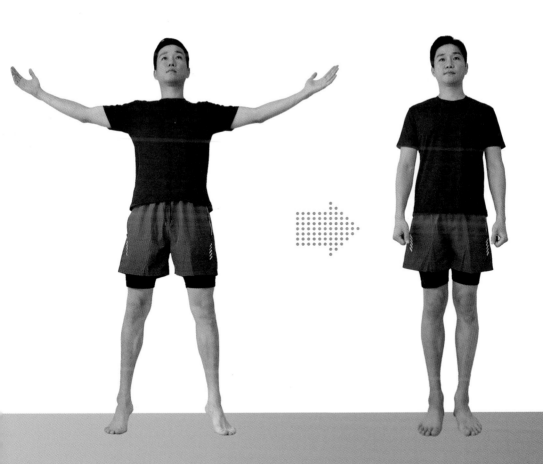

스탠딩 바이시클

서서 하는 복부 운동이다. 허리 건강의 지표가 될 수 있는 장요근에 많은 힘이 들어간다. 복부 근육이 약한 경우 누워서 다리를 들어올리는 형태의 운동은 허리통증을 만들어낼 수 있으나 선 자세에서 하는 이 운동은 안전하다.

적응증 코어 근육 약화, 복부 근육 약화, 복부 비만

마이오카인 장요근, 복부 근육

1   똑바로 선 자세에서 양손을 귀 옆에 위치한다.

2   한쪽 무릎을 가슴 쪽으로 당기며 몸통을 회전해 반대쪽 팔꿈치를
    무릎 쪽으로 가져간다.

3   양쪽을 번갈아 가며 시행해도 되지만 목표 개수를 정해 한쪽씩 하는
    것이 마이오카인 분비에 더 효과적이다.

≫ 팔꿈치가 꼭 무릎에 닿지 않아
도 되니 할 수 있는 범위에서 몸통
회전을 이용해서 시행한다.

크로스 니업

다리를 들어올리는 근육과 더불어 복부 근육을 자극하는 운동이다. 스탠딩 바이시클이 잘 안되는 사람도 따라 할 수 있다.

적응증 코어 근육 약화, 복부 근육 약화, 복부 비만

마이오카인 장요근, 복부 근육

1   바로 선 자세에서 시작한다.

2   한쪽 무릎을 올리며 양손으로 무릎을 터치한다.

3   양쪽을 번갈아 가며 시행해도 되지만 목표 개수를 정해 한쪽씩 하는
        것이 마이오카인 분비에 더 효과적이다.

런지 니업

기본 런지 자세에서 무릎을 들어 가슴 쪽으로 당기는 동작을 추가하여 복근과
장요근 운동이 추가적으로 되고 더 많은 균형감각을 요구한다.

적응증 허벅지 근육 약화, 엉덩이
근육 약화, 균형감각 저하

마이오카인 허벅지 근육, 엉덩이
근육

1 똑바로 선 자세에서 시작한다.

2 한쪽 다리로 바닥을 지지하고 반대쪽 무릎을 들어 가슴 쪽으로
   당긴다.

3 들었던 발을 내리며 뒤로 뻗어 두 걸음 뒤에 놓는다.

4 이때 체중은 바닥을 지지하는 다리에 실은 채 버티며 무릎을
   구부린다.

5 1~4를 반복한다.

점프 스쿼트

스쿼트의 응용 동작 중에서 마이오카인 분비에 가장 효과적인 운동이다.

적응증 허벅지 근육 약화, 엉덩이 근육 약화

마이오카인 허벅지 근육, 엉덩이 근육

1	발은 어깨 넓이로 벌려도 되지만 나에게 맞게 더 넓게 벌려도 상관없다.
2	양손은 깍지를 껴 가슴 앞에 모아주고 허리를 곧게 편다.
3	엉덩이를 최대한 뒤로 밀어주며 무릎이 직각이 될 때까지 앉는다.
4	이때 발끝이 향하는 방향은 위에서 볼 때 허벅지와 평행하도록 한다.
5	일어서는 동시에 양팔을 펴면서 점프에 탄력을 더한다.
6	착지하며 3.의 자세로 돌아온다.
7	1~6번까지의 동작을 반복하되 근육이 아니라 무릎관절이 아프다면 일반적인 스쿼트를 하는 것이 좋다.

사이드 레그레이즈

서서 하는 복부 운동으로 옆구리 자극에 효과적이다.

적응증 코어 근육 약화, 복부 근육 약화, 복부 비만

마이오카인 장요근, 복부 근육

1   똑바로 선 자세에서 양손을 귀 옆에 위치한다.

2   한쪽 무릎을 옆구리로 당겨 올리며 같은 쪽 팔꿈치를 무릎 쪽으로
     가져간다.

3   목표 개수를 정해 한쪽씩 하는 것이 마이오카인 분비에 더
     효과적이다.

원 레그 데드리프트

원 레그 데드리프트는 일반적인 데드리프트보다 부상위험이 적고 자극을 다변화할 수 있는 운동이다. 뒤로 뻗는 다리의 발목에 모래주머니를 차고 할 수 있으며, 손에 덤벨을 쥐고 함으로 버티는 다리에 자극을 높일 수도 있다. 또한, 균형감각 훈련이 되기에 인지기능 향상에도 좋다. 한쪽 다리로 균형을 잡기 힘들다면 다른 물체를 지지하고 운동하면서 수행능력을 향상시켜 나간다.

적응증 엉덩이 근육 약화, 허리 근육 약화, 균형능력 저하, 척추관협착증

마이오카인 엉덩이 근육, 허벅지 뒤쪽 근육, 허리 근육

1   바로 선 자세로 양손은 자연스럽게 늘어뜨린 자세에서 시작한다.

2   한쪽 다리로 바닥을 지지하며 반대쪽 다리를 뒤로 올리는 동시에
       몸통은 뒤로 올리는 다리와 평행하도록 앞으로 굽혀준다.

3   이때 양팔을 자연스럽게 벌려준다.

4   한쪽 다리가 지칠 때까지 먼저 시행한 후에 반대쪽 다리를 시행해야
       마이오카인 분비에 효율적이다.

플랭크

바른 자세로 할 수 있다면 아주 좋은 운동이다. 하지만 자세가 제대로 나오지 않는다면 다른 운동들로 기초 체력을 먼저 키운 후에 하는 것이 좋다.

적응증 복부 근육 약화, 코어 근육 약화

마이오카인 복부 근육, 어깨 근육, 가슴 근육

1 양 팔꿈치로 바닥을 지지하고 엎드린 자세를 취한다.

2 팔은 바닥과 직각이 되도록 한다.

3 허리 척추의 전만이 증가하며 복부가 바닥으로 떨어지지 않도록
   복근을 이용해 꽉 잡아준다.

4 정확한 자세를 유지할 수 있는 만큼만 버틴다.

≫ 근육의 힘으로 버텨야 한다. 자
세가 흐트러지기 전까지만 한다.

14
플랭크 위드 트렁크 로테이션

복근, 옆구리, 어깨 근육까지 복합적인 훈련이 가능한 운동이다.

적응증 복부 근육 약화, 코어 근육 약화

마이오카인 복부 근육, 어깨 근육, 가슴 근육

1 양 팔꿈치로 바닥을 지지하고 엎드린 자세를 취한다.

2 팔은 바닥과 직각이 되도록 한다.

3 허리 척추의 전만이 증가하며 복부가 바닥으로 떨어지지 않도록 복근을 이용해 꽉 잡아준다.

4 양쪽 골반을 좌우로 번갈아 바닥을 찍기 직전까지 내려간다.

≫ 운동할 때 어깨, 허리에 통증이 없어야 한다.

≫ 개인 컨디션에 따라 매 세트 복부에 근육통이 느껴질 때까지 반복한다.

네발기기 플랭크

플랭크의 응용 동작으로 플랭크에 비해 어깨 부담은 줄어들고 대퇴 근육
에 힘이 들어간다.

적응증 복부 근육 약화, 코어 근육
약화

마이오카인 복부 근육, 어깨 근육,
가슴 근육, 허벅지 근육

1 양 팔꿈치로 바닥을 지지하고 엎드린 자세를 취한다.

2 무릎을 구부리고 허벅지가 바닥과 직각이 되도록 한다.

3 허리 척추의 전만이 증가하며 복부가 바닥으로 떨어지지 않도록 복근을 이용해 꽉 잡아준다.

4 무릎을 살짝 들고 정확한 자세를 유지할 수 있는 만큼 버틴다.

>> 손목이 안 좋으면 주먹으로 바닥을 지지한다. 손목이 괜찮은 사람도 가능하면 주먹을 쥐고 바닥을 지지하는 것이 손목관절 보호에 유리하다.

16

사이드 플랭크•1

중둔근 약화로 걸을 때 골반이 옆으로 빠지는 경우에 하면 좋다. 보행할 때 고관절에 일어나는 움직임을 더했기 때문에 더 기능적인 운동이다. 또 중둔근 외에 추가적으로 체간의 안정성을 유지하는 코어 근육도 같이 활성화된다.

적응증 걸을 때 골반이 옆으로 빠지는 경우, 중둔근 약화, 코어 약화

마이오카인 중둔근, 체간 근육

1 옆으로 누운 지세에서 아래쪽 팔꿈치로 바닥을 지지한다.

2 양쪽 고관절과 무릎을 약 45도 구부려 나란히 위치한다.

3 고관절을 중립위치로 가져가며 엉덩이를 올려준다.

4 원래 자리로 천천히 돌아온다.

5 한쪽에 근육통이 생길 만큼 반복 후 반대쪽을 시행해야 마이오카인 분비에 효과적이다.

사이드 플랭크 • 2

사이드 플랭크 1보다 난이도가 높은 운동이다.

적응증 걸을 때 골반이 옆으로 빠지는 경우, 중둔근 약화, 코어 약화

마이오카인 중둔근, 체간 근육

1   옆으로 누운 자세에서 아래쪽 팔꿈치로 바닥을 지지한다.

2   양쪽 고관절, 무릎을 쭉 펴고 발로 바닥을 지지한다.

3   고관절을 중립위치로 가져가며 엉덩이를 올려준다.

4   원래 자리로 천천히 돌아온다.

5   한쪽에 근육통이 생길 만큼 반복 후 반대쪽을 시행해야 마이오카인
    분비에 효과적이다.

플랭크 사이드킥

복근, 옆구리, 어깨 근육까지 복합적인 훈련이 가능한 운동이다. 기초체력이 안 되면 부상위험이 있으니 자세 유지에 무리가 없는 컨디션에서 시행해야 한다.

적응증 복부 근육 약화, 옆구리 근육 약화, 코어 근육 약화

마이오카인 복부 근육, 옆구리 근육

1   양 팔꿈치로 바닥을 지지하고 엎드린 자세를 취한다.

2   팔은 바닥과 직각이 되도록 한다.

3   허리 척추의 전만이 증가하며 복부가 바닥으로 떨어지지 않도록
    복근을 이용해 꽉 잡아준다.

4   한쪽 다리로 자세를 버티면서 반대쪽 다리의 무릎을 겨드랑이
    쪽으로 당겨온다.

5   이때 시선은 무릎을 바라보며 어깨와 무릎이 닿는다는 생각으로
    진행하면, 옆구리 근육이 강하게 수축된다.

마운틴 클라이머

플랭크를 응용한 운동 중 가장 역동적인 운동으로 기본자세만 무너지지 않고 시행할 수 있으면 마이오카인 분비에 가장 효과적인 운동이다. 종아리 근육이 탄력적으로 수축하며 하지 정맥류에도 도움이 될 수 있다.

적응증 복부 근육 약화, 옆구리 근육 약화, 코어 근육 약화, 종아리 근육 약화, 하지 정맥류

마이오카인 복부 근육, 옆구리 근육, 종아리 근육

1 양손으로 바닥을 지지하고 엎드린 자세를 취한다.

2 팔은 바닥과 직각이 되도록 한다.

3 허리 척추의 전만이 증가하며 복부가 바닥으로 떨어지지 않도록
   복근을 이용해 꽉 잡아준다.

4 한쪽 다리로 자세를 버티면서 반대쪽 다리의 무릎을 가슴 쪽으로
   당겨온다.

5 기본자세가 무너지지 않는 선에서 달리기를 하듯 빠르게 양발을
   교차로 당겨준다.

≫ 기본자세를 유지하는 것이 매우
중요하다. 복부가 버티지 못하고 허
리가 아래로 떨어진다면 운동을 중
단해야 한다.

20 힙킥

허리, 엉덩이 근육 강화에 효과적이다.

적응증 엉덩이 근육 약화, 허리
근육 약화, 균형능력 저하,
척추관협착증

마이오카인 엉덩이 근육, 허벅지
근육, 허리 근육

1   네 발 기기 자세를 취한다.

2   한쪽 다리는 바닥을 지지하고 반대쪽 다리의 뒤꿈치로 뒤를 민다는
    느낌으로 쭉 뻗어준다.

3   다리를 들어올리는 동시에 반대쪽 팔을 앞으로 뻗어준다.

4   근육 긴장을 유지하며 천천히 제자리로 돌아온다.

5   한쪽이 충분히 근육통이 생길 만큼 반복 후 반대쪽을 시행해야
    마이오카인 분비에 효율적이다.

≫ 어깨 충돌로 인한 관절 마모를 최소화하기 위해 뻗어주는 팔의 손바닥이 하늘을 보도록 한다.

≫ 다리를 뻗는 마지막 자세에서 뒤꿈치로 뒤를 꾹 밀어주면 대퇴사두근까지 운동이 된다.

≫ 손목이 안 좋으면 주먹으로 바닥을 지지한다. 손목이 괜찮은 사람도 가능하면 주먹을 쥐고 바닥을 지지하는 것이 손목관절 보호에 유리하다.

21

사이드 힙킥

힙킥에서 중둔근이 강조된 운동이다. 여성의 경우 근력약화로 인해 걸을 때 바닥을 지지하는 쪽 다리의 골반이 옆으로 빠지는 경우가 더러 있다. 이런 경우 척추에도 무리를 줄 수 있기 때문에 이 운동을 해주면 좋다.

적응증 걸을 때 골반 빠짐, 중둔근 약화

마이오카인 엉덩이 근육

1   네 발 기기 자세를 취한다.

2   한쪽 무릎을 들어 옆으로 올린다.

3   골반은 돌아가지 않도록 고정하고 순수 고관절 움직임으로 올릴 수
     있는 만큼만 올린다.

4   근육 긴장을 유지하며 제자리로 돌아온다.

5   운동을 시행하는 동안 시행하는 쪽 무릎이 바닥에 닿지 않도록 한다.

6   양쪽 다리를 번갈아 운동할 수도 있지만, 효율적인 마이오카인
     분비를 위해 한쪽 다리씩 시행한다.

7   개인 체력에 따라 한쪽 엉덩이에 근육통이 생길 만큼 반복하고
     반대쪽 다리를 시행한다.

22

사이드라잉 레그레이즈

중둔근이 강조된 운동이다.

적응증 걸을 때 골반 빠짐, 중둔근
약화

마이오카인 엉덩이 근육

116

1   옆으로 누운 자세에서 아래쪽 손으로 머리를 받쳐준다.

2   아래 쪽에 위치한 다리의 무릎을 구부려 중심을 잡아준다.

3   반동을 이용하지 말고 천천히 위쪽 다리를 옆으로 올린다.

4   내릴 때는 운동하는 동안 근육 긴장을 계속해서 유지하도록 바닥을
    살짝 터치하는 지점에서 다시 올린다.

5   효율적인 마이오카인 분비를 위해 근육통이 생길 만큼 반복한 후
    반대쪽 다리를 시행한다.

수파인 사이클링

복부 근육이 많이 부족한 경우 크런치 운동을 통해 복부 근력을 먼저 충분히 만들고 하는 것이 좋다. 복근의 힘이 기본적인 자세를 유지할 수 있을 정도로 받쳐준다면 허리 건강에 매우 유익한 운동이다.

적응증 복부 근육 약화, 코어 근육 약화

마이오카인 복부 근육, 장요근

1 똑바로 누운 자세를 취한다.

2 양쪽 다리를 자전거 타듯 교차로 굴린다.

>> 허리통증이 없어야 한다.

※개인 컨디션에 따라 매 세트 복부에 근육통이 느껴질 때까지 반복해야 한다.

>> 수파인 사이클링을 포함해 누워서 하체를 들어올리는 형태의 운동은 장요근이 복근보다 더 주동근으로 작용한다. 장요근은 허리 척추 몸통에서 시작해 대퇴골의 소전자 부위에 정지하는 근육으로 복근이 잘 받쳐주지 않는 상태에서 다리를 들어올릴 시 허리에 무리를 줄 수 있다. 복근이 약한 경우 크런치 운동으로 복근의 근력을 먼저 만들고 하는 것이 좋다.

>> 그렇다고 장요근이 허리에 악영향을 주는 근육은 아니다. 오히려 장요근은 MRI 영상의 횡단면상 척추뼈 몸통과 면적 비교를 통해 허리 근력의 건강상태를 측정하는 지표가 되기도 하는 중요한 근육이다.

>> 다리를 들어올리는 형태의 운동을 하복부 운동으로 알고 있는 경우가 더러 있는데, 복근은 상하부를 나누는 데 의미가 없다. 크런치만 해도 전체 복근이 같이 운동된다.

트렁크 익스텐션

이 운동은 허리를 강화해줄 뿐만 아니라 엉덩이 근육을 탄탄하게
만들어 준다.

적응증 척추 질환, 코어 약화,
엉덩이 근육 약화

마이오카인 엉덩이 근육, 허리 근육

1 엎드려 누운 자세를 취한다.

2 양팔을 앞으로 뻗고 엄지손가락이 하늘을 보도록 한다.

3 팔과 다리를 동시에 들어준다.

4 팔다리를 동시에 내리되 바닥에 닿지 않아야 한다.

5 한 세트가 끝날 때까지 팔다리가 바닥에 닿지 않도록 한다.

》 손바닥이 나를 보도록 해야 상완골의 돌출부위인 대전자가 바깥으로 빠져 어깨 충돌을 완화한다.

》 허리 또는 엉덩이에 근육통이 생길 때까지 반복해야 한 세트가 끝이 난다.

》 반동을 이용하지 않는다.

트렁크 익스텐션은 척추 전만증이나 척추 분리증이 있는 사람의 허리에 부상위험이 있을 것 같지만, 내 근육 힘을 이용해 움직일 수 있는 범위까지 운동하기 때문에 실제 부상위험은 낮다. 오히려 척추 주변의 근육을 강화해 척추 전만증과 척추 분리증과 같은 질환에 도움이 된다. 혹시 어깨가 좋지 않아 동작이 힘들거나 통증이 나타나는 경우 팔은 바닥에 내려놓고 하체만 올리는 [26번] 프론 싱글 레그레이즈를 한다.

프론 스위밍

[24번] 트렁크 익스텐션과 같은 효과를 내는 운동이다.

적응증 척추 질환, 코어 약화,
엉덩이 근육 약화

마이오카인 엉덩이 근육, 허리 근육

1   엎드려 누운 자세를 취한다.

2   양팔을 앞으로 뻗고 엄지손가락이 하늘을 보도록 한다.

3   한쪽 팔과 반대쪽 다리를 동시에 들어올린다.

4   팔다리를 동시에 내리되 바닥에 닿지 않아야 한다.

5   한 세트가 끝날 때까지 팔다리가 바닥에 닿지 않도록 한다.

6   양쪽을 번갈아 시행하기보다 한쪽 운동을 마치고 반대쪽을 하는
       것이 마이오카인 분비에 효과적이다.

프론 싱글 레그레이즈

허리와 엉덩이가 약한 사람에게 추천하는 운동이다. 디스크 질환에도 도움이 될 수 있다. 프론 트렁크 익스텐션과 프론 스위밍이 어려운 사람이 할 수 있는 운동이다.

적응증 허리통증, 허리근육 약화, 엉덩이 근육 약화

마이오카인 허리, 엉덩이

1 엎드려 누운 자세에서 양손은 이마를 받친다.

2 반동을 이용하지 않고 한쪽 다리를 천천히 들어준다.

3 올렸던 다리를 내릴 때는 무릎이 바닥에 닿지 않도록 한다.

4 한쪽 운동을 마치고 반대쪽을 하는 것이 마이오카인 분비에
   효과적이다.

≫ 너무 높이 올릴 필요가 없다. 반동을 이용하지 말고 천천히 올릴 수 있는 만큼 올리는 것이 좋다.

27

브리지

허리 건강에 유익한 운동으로 척추관협착증 환자에게 도움이 된다.

적응증 허리통증, 척추관협착증, 허리 수술, 엉덩이 근육 약화, 코어 근육 약화

마이오카인 타겟 허리, 둔부, 햄스트링

1   바로 누운 자세를 취한다.

2   양 손바닥은 바닥을 편안하게 지지한다.

3   무릎을 구부리고 발은 골반 넓이로 벌린다.

4   허리의 중립상태를 유지한 채 엉덩이를 들어올린다.

5   허벅지와 몸통이 일직선이 될 때까지 엉덩이를 들었다가 근육
       긴장을 유지하며 서서히 내린다.

6   엉덩이를 바닥에 살짝 터치만 하고 다시 올리기를 반복한다.

7   개인 체력에 따라 매 세트 허리나 엉덩이에 근육통이 생길 만큼
       반복한다.

≫ 근력이 부족해 엉덩이에 허리가 딸려 올라가는 형태가 더러 있다. 운동하는 동안 척추기립근의 긴장을 유지해 허리의 중립상태를 지키도록 한다.

28 싱글레그브리지•1

브리지 보다 근육 동원력이 높고 균형감각 훈련이 더해진 운동이다.

적응증 허리통증, 척추관협착증,
허리 수술, 엉덩이 근육
약화, 코어 근육 약화

마이오카인 타겟 둔부 근육, 허리
근육

1   브리지 운동 시작 자세를 취한다.

2   한쪽 발을 반대쪽 무릎에 올린다.

3   발을 올린 쪽 무릎이 보상작용으로 따라 올라오지 않도록
       주의하면서 엉덩이를 들어올린다.

4   허리의 중립상태와 근육 긴장을 유지하며 엉덩이를 천천히 내린다.

5   엉덩이를 바닥에 살짝 터치만 하고 다시 올리기를 반복한다.

6   효율적인 마이오카인 분비를 위해 한쪽 다리에 근육통이 생길 만큼
       반복하고 반대쪽 다리를 시행한다.

싱글레그브리지•2

브리지 운동 중 가장 난이도가 높다. 한쪽 다리를 앞으로 뻗어 줌으로 장요근이 허리 척추를 앞쪽에서 당기며 복근과 뒤쪽 척추 근육이 다시 안정화한다. 따라서 더 많은 코어 근육들이 동원된다.

적응증 허리통증, 척추관협착증, 허리 수술, 엉덩이 근육 약화, 코어 근육 약화

마이오카인 타겟 둔부 근육, 허리 근육

1	바로 누운 자세를 취한다.
2	양 손바닥은 바닥을 편안하게 지지한다.
3	무릎을 구부리고 발은 골반 넓이로 벌린다.
4	한쪽 다리를 뻗어 양쪽 대퇴부가 평행하도록 위치한다.
5	허리의 중립상태를 유지한 채 엉덩이를 들어올린다.
6	허벅지와 몸통이 일직선이 될 때까지 엉덩이를 들었다가 근육 긴장을 유지하며 서서히 내린다.
7	엉덩이를 바닥에 살짝 터치만 하고 다시 올리기를 반복한다.
8	개인 체력에 따라 매 세트 허리나 엉덩이에 근육통이 발생할 때까지 반복해야 한다.

≫ 기본 자세 유지가 안 되는 경우 브리지와 싱글 레그 브리지(1)을 하도록 한다.

30 크런치

어떤 근육이 중요하지 않겠냐만 복부 근육은 근육학적으로 많은 성인병과 연관이 된다. 나이가 들수록 복부 운동은 꼭 해줘야 한다.

적응증 복부 비만, 복근 약화

마이오카인 복부 근육

1 바로 누운 자세에서 무릎을 적당히 구부리고 양발은 골반 넓이로
   벌려 바닥을 지지한다.

2 양손은 목 뒤에 깍지를 낀다.

3 팔꿈치와 턱을 무릎 쪽으로 올려준다.

4 반동을 이용하거나 억지로 올리지 말고 지긋이 올릴 수 있는 만큼
   올렸다가 제자리로 돌아온다.

5 마이오카인 분비를 위해서 매 세트 복부에 근육통이 생길 만큼
   반복한다.

크런치 응용

크런치에 회전운동을 더해 양 옆구리에 있는 복사근을 추가적으로
활성화하는 동작이다.

적응증 복부 비만, 복근 약화   **마이오카인** 복부 근육

1   바로 누운 자세에서 무릎을 적당히 구부리고 양발은 골반 넓이로
     벌려 바닥을 지지한다.

2   양손은 목 뒤에 깍지를 낀다.

3   팔꿈치와 턱을 무릎 쪽으로 올려준다.

4   올린 상태에서 양쪽으로 번갈아 가동범위만큼 회전한 후 제자리로
     돌아온다.

5   반동을 이용하지 말고 마이오카인 분비를 위해서 매 세트 복부에
     근육통이 생길 만큼 반복한다.

32 팔굽혀 펴기

대중적인 운동으로 가슴, 어깨, 팔 근육을 발달시키는 운동이다. 대중적인 운동이지만 부상위험이 높아 최대로 했을 때 한 세트에 20회 이상 할 수 없다면 무릎으로 바닥을 지지한 채 하는 것이 좋다.

적응증 가슴 근육 약화, 팔 근육 약화, 어깨 근육 약화, 복부 근육 약화, 허리 근육 약화

마이오카인 가슴 근육, 팔 근육, 어깨 근육

1   양손으로 바닥을 지지하고 엎드린다.

2   양손의 넓이는 좁게 할 수도 넓게 할 수도 있다. 항상 같은 넓이로
하는 것보다 변화를 주는 것이 좋다.

3   복부를 수축해 허리가 활처럼 휘지 않도록 한다.

4   팔꿈치를 구부리며 천천히 바닥으로 내려간다.

5   바닥을 밀어서 다시 올라온다.

≫ 손목관절 건강을 위해 주먹으로
바닥을 지지하는 것이 좋다.

33

이너 싸이 리프트

누워서 할 수 있는 허벅지 안쪽 근육 운동이다.

적응증 하체 근력 약화

마이오카인 허벅지 근육

1   옆으로 누운 자세에서 시작한다.

2   위쪽 다리의 무릎을 구부려 발바닥으로 아래에 있는 다리의 무릎
     앞쪽을 지지한다.

3   아래쪽 다리를 위로 들어 올린다.

4   근육 긴장을 유지하며 내린다.

5   허벅지 안쪽에 근육통이 생길 때까지 반복 후 반대쪽 다리를
     시행한다.

신경가동술

MYO

뇌는 척수와 연결되어 있고 척수는 말초신경을 통해 사지말단의 근육까지 분지한다. 그런데 이 말초신경이 다양한 원인에 의해 제 기능을 못 하는 경우가 있으며, 이러한 질환을 말초신경병증이라 한다. (말초신경병증은 좌골신경통, 손목터널증후군, 흉곽출구증후군 등의 기계적인 원인 외 당뇨 및 자가면역질환 등 내과 질환으로 인한 증상을 포함한다.)

말초신경병증은 그 원인이 매우 다양하며 정확한 원인을 알 수 없는 경우가 많다. 하지만 여기서 다룬 스트레칭이 정확한 원인을 찾을 수 없는 말초신경병증에 도움이 되는 경우가 더러 있다. 손, 발의 저림과 같은 이상감각이 있는 사람이라면 고질병으로 생각했던 증상이 마법같이 좋아질 수 있다. 단, 병원이 우선이다. 혹시 이 스트레칭을 하다가 통증이 심해진다면 즉시 병원에 가야 한다.

정중신경(Median nerve) 가동술

이 스트레칭은 엄지, 검지, 중지의 감각정보와 팔꿈치, 손목, 손가락에 움직임 신호를 전달하는 정중신경(Median nerve)이 타겟이다. 따라서 정중신경으로 인한 말초신경병증의 치료에 도움을 주거나 예방할 수 있다. 목 척추관협착증과 흉곽출구 증후군에도 도움이 될 수 있으니 꾸준히 하면 좋다.

적응증 목 척추관협착증, 흉곽출구 증후군 등 기타 말초신경병증

마이오카인 종아리, 허벅지, 엉덩이

1   어깨를 내린다.

2   팔을 옆으로 110도 벌린다.

3   팔꿈치를 편다.

4   손바닥이 하늘을 보도록 외회전한다.

5   손목을 펴고 손가락을 끝까지 펴준다.

6   엄지 검지 중지가 저릿하면 같은 쪽으로 머리를 가져가며 시선은
    반대방향을 본다.

7   손가락에 저린감이 사라지면 다시 손목과 손가락을 펼 수 있는
    범위까지 더 펴준다.

8   손목과 손가락을 굽히며 머리는 시작자세로 돌아온다.

9   4~8번 과정을 10회 반복한다.

≫ (사진1.)부위가 정중신경이 피부 감각을 지배하는 부분이다. 이 부분에 저림과 같은 이상 감각이 있다면 꾸준히 해보자.

≫ 혹시 통증이 발생하면 즉시 병원에 가야 한다.

≫ 동작을 순서대로 했는데 [5]에서 엄지, 검지, 중지에 저릿한 느낌이 없으면 어깨를 잘 내리고 있는지 확인해 보도록 한다. 보통 혼자 할 때는 어깨를 잘 신경 쓰지 못하는 경우가 많다.

2 요골신경(Radial nerve) 가동술

이 스트레칭은 엄지, 검지, 중지의 손등 쪽 감각 지배와 팔꿈치, 손목, 손가락 움직임에 관여하는 요골신경(Radial merve)의 가동성을 늘려준다. 따라서 요골신경으로 인한 말초신경병증을 예방하거나 도움 줄 수 있다. 목 척추관협착증과 흉곽 출구 증후군에도 도움이 될 수 있으니 꾸준히 하면 좋다.

적응증 목 척추관협착증, 흉곽출구
증후군 등 기타
말초신경병증

1   어깨를 내린다.

2   팔을 20도 벌리고 팔꿈치를 편다.

3   손등이 나를 향하도록 아래팔을 내회전한다.

4   손목과 손가락을 굽힌다.

5   손등 쪽이 저릿하면 같은 쪽으로 머리를 가져가며 시선은 반대
      방향을 본다.

6   손등에 저릿함이 사라지면 다시 손목과 손가락을 굽힐 수 있는
      범위까지 더 굽혀준다.

7   손목과 손가락을 펴면서 머리는 시작 자세로 돌아온다.

8   4∼7번을 10회 반복한다.

≫ (사진1.)부위가 요골신경이 피부 감각을 지배하는 부분이다. 이 부분에 저림과 같은 이상 감각이 있다면 꾸준히 해보자.

≫ 혹시 통증이 발생한다면 즉시 병원에 가야 한다.

≫ 순서대로 나열한 자세를 모두 제대로 했는데 [4]에서 손등 쪽에 저릿한 느낌이 없다면 어깨를 잘 내리고 있는지 확인해보도록 한다.

3 척골신경(ulnar nerve) 가동술

이 스트레칭은 소지의 감각 지배와 팔꿈치, 손목, 손가락 움직임에 관여하는 척골 신경(Ulnar nerve)의 가동성을 늘려준다. 따라서 요골신경으로 인한 말초신경병증을 예방하거나 도움을 줄 수 있다. 목 척추관협착증과 흉곽출구 증후군에도 도움이 될 수 있으니 꾸준히 하면 좋다.

적응증 목 척추관협착증, 흉곽출구 증후군 등 기타 말초신경병증

1 어깨를 내린다.

2 팔을 옆으로 110도 벌린다.

3 팔꿈치를 굽힌다.

4 손등이 나를 보도록 회전한다.

5 손목과 손가락을 편다.

6 소지가 저릿하면 같은 쪽으로 머리를 가져가며, 시선은 반대 방향을 본다.

7 소지에 저릿함이 사라지면 반대쪽 손으로 손가락을 할 수 있는 범위까지 더 굽혀준다.

8 손목과 손가락을 펴면서 머리는 시작 자세로 돌아온다.

9 4~8번을 10회 반복한다.

≫ (사진1.)부위가 척골신경이 피부 감각을 지배하는 부분이다. 이 부분에 저림과 같은 이상감각이 있다면 꾸준히 해보자.

≫ 반대쪽 손으로 누를 때 신경이 손상될 수 있으니 반드시 살살, 천천히 해야 한다.

≫ 혹시 통증이 발생한다면 즉시 병원에 가야 한다.

≫ 순서대로 나열한 자세를 제대로 했는데 [5]에서 엄지, 검지, 중지에 저릿한 느낌이 없다면 어깨를 잘 내리고 있는지 확인해보자.

4 하지신경(lower extrimity nerve) 가동술

이 스트레칭은 하지신경(Lower extremity nerve)의 가동성을 늘려준다. 허리 척추에서부터 신경이 내려오는 경로 어딘가에서 포착이 있거나 디스크 질환, 협착증이 있는 경우 문제가 생긴 쪽 다리가 확연하게 덜 올라간다. 디스크 질환, 척추관협착증, 좌골신경통 등의 질환과 하지신경의 말초신경병증에 도움이 된다. 급성 디스크 질환으로 통증이 극심할 때는 혼자서 하지 않는 것이 좋다.

> **적응증** 허리 척추관협착증, 디스크
> 질환, 좌골신경통 등 기타
> 말초신경병증

1	허리에 수건을 말아서 받치고 똑바로 눕는다.
2	한쪽 다리를 들어 양손으로 깍지를 끼고 오금을 잡는다.
3	무릎을 편다.
4	발목을 당기며 발가락도 쭉 펴준다.
5	발목을 원 위치로 가져가며 머리를 들어준다.
6	1~5번까지 10회 반복한다.

≫ 디스크 질환이 있다면 반드시 허리에 수건을 깔고 하며, 디스크로 인해 급성통증이 심할 때는 혼자서 하지 않도록 한다.

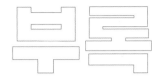

목 통증을 일으키는 원인에 대한 고찰

부록의 내용은 이 책에 수록해야 하나 말아야 하나 수백 번 고민을 한 내용이다. 원래 주요 근골격계 질환들에 대한 내용을 2장에 수록했었으나, 써놓고 보니 의료·건강관련 업계 종사자만 볼 수 있는 책이 되어버렸다(이 책은 의료 종사자가 아닌 건강에 관심 있는 일반 사람들에게 건강/운동에 관련된 도움을 주고자 했다). 그래서 근골격계 질환들에 대한 내용이었던 2장을 과감히 삭제했다. 그리고 나 열했던 근골격계 질환 중 아주 흔한 질환임에도 불구하고 현재 의료업계에서 혼란의 요인이며, 필자도 궁금증을 가지고 탐구했던 질환 한 가지를 부록에 수록한다.

이 내용은 전문적인 내용이기 때문에 이해하기 위해서 기본적인 해부학을 알아야 한다. 관련 전공자를 위한 내용이며 전공자가 아니라면 이해하기 힘들 수 있음을 미리 밝힌다.

1. '목에 담이 걸렸다'는 증상(특별한 이유 없이 후경부에 발생한 극심한 통증)은 흔한 질환이며, 양방 의사도 '담이 걸렸다'는 표현을 흔히 사용한다.

2. '담'이라는 것은 한의학에서 '인체 대사과정에서 발생하는 부산물', '객담(가래)'인데, 체내에서 이 '담'의 정체로 인해 강력한 급성 통증 혹은 지속적인 통증이 발생한다는 것은 현대의학적으로 설명할 수 없다.

3. '담이 걸렸다'는 증상에 대해 현대의학에서 동일시 거론되는 질환으로 근막통증증후군(Myofascial pain syndrome)이 있다. 하지만 근막통증증후군도 객관적으로 진단할 수 있는 검사실 검사나 방사선 검사도 없고 신경학적 이상도 찾아볼 수 없다.

4. 근막동증증후군은 특별한 이유 없이 발생한 후경부의 극심한 통증을 설명하지 못한다.

5. 후경부 통증을 일으키는 대표적인 원인으로 척추 후관절 증후군(Facet joint syndrome)이 가장 높은 비중을 차지하나, 척추 후관절 증후군도 그 통증의 원인에 대한 규명이 불분명하다.

6. 현재 척추 후관절 증후군(Facet joint syndrome)은 의사에 따라 영상검사 상 이상 소견이 나타났다 사라졌다를 반복하는 기이한 질환이다.

본격적인 내용에 들어가기에 앞서 몇 가지 생각해봐야 할 것들이 있다.

첫째, 주로 근막 이론을 바탕으로 치료하는 선생님은 후경부 통증이 나타나는 이유를 근막 이론으로 해석할 가능성이 매우 높다. 필자는 근막 이론으로 통증을 해석하지 않지만, 그 의견을 충분히 존중한다. 왜냐하면 후경부 통증은 이학 검사, 영상검사 상 확인할 수 있는 상태가 관찰되지 않는 경우가 많기 때문이다. 또 이 책에서 밝히는 후경부 통증의 근거는 논문으로 풀었기에 수학적으로 높은 확률이며 학자들 사이에서 암묵적으로 합의된 주류과학이지만 예외가 있을 수 있다. 그리고 일부 의사는 주사기로 포도당을 주입하며, 그 수압으로 근막의 유착을 박리하기도 한다. 즉, 통증 관련 근육을 따라 초음파 검사장비를 통해 보면서 유착된 근막과 근육 사이에 포도당을 주입해 유착을 박리한다고 한다.

둘째, 한의학인 경락, 경혈의 이론을 바탕으로 치료하는 선생님은 통증을 경락과 경혈로 해석할 것인데, 그 또한 존중한다. 필자가 흥미롭게 읽었던 연구자료 〈봉한관에서 프리모관으로 -과학적 연구대상의 동역학〉(김연화. 2015)에 따르면 혈관, 림프관, 신경계통 외에 또 다른 기의 통로 '경락'과 일치하는 순환계통을 과학적으로 증명한 연구가 실제로 있었다.

경혈, 경락을 밝혀내고자 했던 연구실과 연구실 내 분위기를 관찰하고 서술한 이 자료는 60페이지가 넘는데, 이 서술자료의 주요 내용을 요약하면 아래와 같다.

경혈, 경락의 실체로 여겨지는 '프리모관'은 2000년부터 2011년 2월까지 서울대학교 물리천문학부 한의물리학연구실에서 다뤄진 연구대상으로, 이에 대해서는 10여 년 동안 70여 개의 논문이 발표되었다. 재미있는 것은 동양의학의 개념인 '기'가 실험실로 들어와 과학적인 방법론으로 연구되는 과정에서 연구대상에 대한 연구자들의 합의가 없는 상황임에도 불구하고 연구가 지속되고 그 대상이 과학적 연구대상으로의 지위를 획득해 나갔다는 것이다. 이들은 이 연구대상을 '프리모관'이라 불렀는데, 프리모관은 한의학 물리 연구실 내에서 다양한 개별 연구자에 의해 단일한 대상이 아닌 다중의 대상(multiple objects)으로 구성됐다.

그러나 논문과 시연 실험 과정에서 단일한 대상으로 통합되었으며 하나의 연구대상으로 연구실 문을 나섰다. 그리고 다른 연구실로 들어가면 다시 그 모양이 변한다. 그럼에도 연구자들은 다양한 대상을 프리모관으로 부르며 동일시한다. 그리고 연구실의 연구자가 오히려 외부인에게 "혈 자리가 존재한다고 믿으세요?", "저도 이게 있다고 믿기 시작하고 나서 보이기 시작했어요."라는 아이러니한 말을 했다고 한다.

봉한관에서 프리모관으로 -과학적 연구대상의 동역학- 김연화. 2015

과학은 항상 100%가 없다. 하물며 사람 몸은 아직 많은 부분이 미지의 세계다. 미심쩍은 부분이 많지만, 이 서술자료에서는 프리모관을 '만들어지고 있는 과학(Science in the making)'이라 표현했으며 필자 또한 동감한다. 오랜 시간 효과를 내며 발전해온 학문이기 때문에 경혈과 경락 또한 존중한다.

마지막으로, 비대칭과 근육불균형으로 통증에 대해 접근하는 방식도 존중한다. 통증의 근본적인 원인이 척추 후관절이든 특정 인대의 파열 혹은 건의 염증이든 간에 체형과 근육 불균형은 그 손상에 영향을 끼칠 수 있기 때문이다.

사실 논문에서는 골반 틀어짐, 어깨 비대칭 등의 체형 불균형은 통증과 상관관계가 없는 것으로 나타난다. 하지만 연구 제한점이 될 수 있는 비교 그룹 간 통제가 전부 동일하다면 불균형이 있는 사람에게 통증이나 근골격계 질환이 발생할 확률이 더 높다는데 이견을 가지는 사람은 없을 것이다.

여기까지, 예로 든 근막 이론, 경락, 경혈은 오랜 세월 다양한 사람들의 경험에 의해 수많은 환자를 치료하고 그 효과를 내며 발전해 온 고마운 학문이다. 단, 현대의학에서 늘 중요시하는 EBP(Evidence Based Practice)를 고려한다면 진정한 해부학의 중심을 먼저 세워야 할 필요성이 있다. 해부학의 중심이 잡히지 않은 채 근막 이론을 공부하면 자칫 중요한 것들을 돌아보지 못하기 때문이다. 근막 이론은 신체 모든 통증과 자세성 평가 등을 근막으로 해석할 수 있게 만드는 신기루를 보여준다. 경락과 경혈 또한 마찬가지이다.

앞서 언급한 논문에서 보이듯 혈 자리에 관한 논문을 70여 편이나 발표한 연구실 내 학자들 사이에서도 각자가 바라보는 혈 자리에 대한 모습이 달랐다. 혈 자리 치료를 하는 한의사도 처음 공부할 때 해부학적 사실과 눈에 보이지 않는 혈 자리 사이에서 혼란이 온다고 한다. 그리고 임상에 나와 한의사로 일을 하며 혈자리 치료의 효과를 경험하고 경락, 경혈의 존재를 믿어가게 된다고 한다. 그래서 필자는 경험에 의해 오랜시간 발전해 왔으며, 지금 이 순간에도 어디선가 아픈 사람에게 이로운 효과를 주고 있을 이론과 경험 모두를 존중한다. 다만, 해부학적인 본질을 탄탄히 한 채 근막, 경락, 경혈 등을 공부하고 또 다른 치료기술로 응용하는 것이 옳을 것이다.

목 통증

척추추간관절은 만성경부통의 원인이 되는데 경부통증환자의 54~67%로 요부와 흉부의 추간관절 질환보다 흔하다. (추간관절증후군, 강점덕. 대한정형도수치료학회지 제15권 제2호)

후경부의 통증은 환자가 통증클리닉을 찾는 가장 큰 원인 중 하나로 후경부 통증의 54~60%는 후관절에서 유래된 것으로 보고되고 있다. (Manchikanti L, Pampati V, Damron KS, Beyer CD, Barnhil RC, Is there correlation of facet joint pain in lumbar and cervical spine? An evaluation of prevalence in combined chronic low back and neck pain. Pain physician 2002; 5: 365-71.)

쉽게 말해 후경부 통증으로 내원한 환자 3명 중 2명은 척추후관절이 원인이라는 얘기이다.

디스크 질환은 보통 사람들도 흔히 알지만, 생소하게 느껴질 수 있는 척추후관절증후군(Facet joint syndrome)이 디스크보다 통증을 발생시키는 빈도가 훨씬 높다. 후관절에서 통증이 발생하는 이유에 대해 알기 위해 후관절의 기본적인 해부학을 먼저 살펴보도록 하자.

척추뼈의 뒤쪽에는 척추와 척추를 연결하는 관절인 척추후관절(Facet join)이 있다.

척추후관절은 윤활관절(Synovial joint)로 관절면을 초자연골(Hyaline cartilage)이 싸고 있으며, 이 초자연골은 일반적으로 신경과 혈관이 발달해 있지 않은 조직이다. 또한 척추후관절은 위아래 척추뼈를 연결하며 추간공(Intervertebral foramen)을 형성해 척수(spinal cord)에서 사지로 분지하는 신경의 통로를 제공한다. 목을 뒤로 젖힐 때는 척추후관절에 압박이 발생하며 신경이 빠져나오는 추간공이 좁아지는 형태가 된다.

후관절에서 감당하는 단위면적당 압박력은 상당한 수준인데, 무려 척추에 가해지는 하중의 1/4 정도가 척추후관절로 전달된다. 또 퇴행성 추간판이나 과도한 척추전 만증에서 75%까지 부하를 받는다. 척추후관절은 비틀림 저항을 받으면 추간판과 함께 각 40%의 저항을 받는다. 척추의 신전 회전이 5.6도 증가하면 각 척추후관절에서 압박력은 거의 10~30% 증가한다(Hee-sang Kim, M.D. Intra-articular Injection in Facet and Sacroiliac Joint. J Korean Assoc Pain Med 2003;2:132-137). 이렇듯, 척추후관절은 손톱 반 만한 크기의 면적으로 어마어마한 하중을 부담하고 있다. 머리를 뒤로 젖히면 후관절에 압박 스트레스가 어마어마하게 증가한다. 그러나 우리가 통증 없이 살아갈 수 있는 이유는 후관절면을 초자연골이 보호하고 있기 때문이다.

목은 일상생활 속에서 항상성 유지에 필요한 충분한 스트레스를 받고 있으니 편안하게 움직일 수 있는 범위에서 자주 움직여 주는 것이 좋다. 체조, 레슬링 선수와 같이 목 척추에 특별한 관절가동범위 퍼포먼스가 필요한 직업을 가지지 않는 이상 사람들에게 목을 과하게 젖히는 스트레칭은 독이 될 수 있다.

목이 엄청 뻣뻣한 싱인 남성노 물편함 없이 살아가기 때문에, 굳이 유연하게 만들며 질환을 만들어낼 필요가 없다(물론치료사에 의해 조작되는 치료와는 별개). 척추후관절을 싸고 있는 초자연골이 정상일 때는 목을 뒤로 젖혀도 통증이 없지만, 과도하게 뒤로 젖히는 스트레칭이 반복됨으로 퇴행을 가속화시키며 관절면에 통증을 유발하는 신경과 혈관이 발달함으로 통증이 발생하게 된다(편안한 범위의 스트레칭이 아닌 과한 유연함을 건강한 것으로 인식하여 억지로 관절가동범위를 늘리는 스트레칭법을 말한다). 또한 척추후관절에 반복된 스트레스는 추간공을 좁아지게 만들며, 좁아진 추간공으로 인해 신경이 눌려서 통증이 발생하는 질환을 척추관협착증(Spinal canal stenosis)이라고 한다.

여기까지, 필자가 풀어서 적어 놓았지만, 논문자료에는 한마디로 요약되어 있다.

> '유해성 섬유신경과 자율 신경이 후관절낭 내에서 발견되며, 퇴행성 관절염에서는 연골하 내의 신경이 발견되기도 한다.'(Cox JM. Low back pain; mechanism, diagnosis and treatment. 6th edi. Williams &Wlikins. 1999.)

다시 한번 쉽게 말하면, 후관절은 퇴행이 되고 나서야 통증이 발생한다. 그래서 지금 당장 괜찮다고 뒤로 젖히는 동작을 과하게 하면 서서히 질환을 만들게 된다. 또한, 목 척추에는 다른 척추(흉추, 요추)에 비해 중요 신경과 혈관에 대한 보호 기전이 후관절낭에 존재하는데, 이 때문에 소위 담 걸렸다고 말하는 급성 통증을 발생시키는 질환이 주로 목에서 발생하는 것이다. 지금까지는 기본적인 해부학을 살펴보았다. 다음은 임상에서 혼동하고 있는 질환인 '담이 걸렸다'라는 증상에 대해 알아보자.

척추후관절증후군

보통 목에 담이 걸렸다고 하면 후경부(뒷목)에 급성 통증이 발생한 증상을 말하며 대부분 며칠에서 길게는 일주일 내에 통증이 소실된다. 현대의학에서는 이러한 증상을 척추후관절증후군이라고 부르며, 의사는 진단적 차단을 통해 질환을 진단한다.

하지만 병원 홈페이지에 올려놓은 자료와 논문들조차 척추후관절증후군의 통증 원인을 만족하여 설명하는 자료는 찾아볼 수 없다.

병원 홈페이지와 전문가들이 말하는 자료를 보면 척추후관절증후군은 척추 후관절에 퇴행 변화로 인해 발생한다고 한다고 하는데, 퇴행 변화는 *이런 급성 통증을 설명하지 못한다.

* 무리가 되는 별다른 계기나 활동 없이 자고 일어나서 멀쩡하던 뒷목에 극심한 통증으로 목을 움직이기 힘든 증상

또한, 영상검사에서 후관절증후군(Facet joint pain syndrome)을 시사할 만한 소견은 없으며, 주사 후 증상이 소실되었을 경우 후관절증후군으로 진단할 수 있다(Tuite MJ. Facet joint and sacroiliac joint injection. Semin Roentgenol 2004;39:37-51.)고 한다. (근골격계 중재적 시술. 권종원 MD J Korean Med Assoc 2015 June; 58(6): 502-515)

척추후관절이 퇴행되었다면 영상검사 상 확인되어야 하는데, 논문에서는 영상검사 상 확인할 수 없다고 한다. 게다가 여기에 쓰이는 약물은 스테로이드가 사용되는 경우가 많은데 주사부터 놓고 증상이 소실되면 질환을 진단한다니, 조금 안타까운 부분도 없지 않다. 또 네이버 지식백과에 OOOO병원에서 제공한 자료에 따르면 '후

관절증후군의 정확한 기전은 밝혀지지 않았으나 X-ray나 CT 영상을 통해 후관절의 이상을 발견할 수 있다.'고 기재되어 있다. 이렇게 논문에서는 척추후관절증후군을 영상검사 상 확인할 수 없다고 하는데, 병원에서 공식적으로 올려놓은 자료에서는 확인할 수 있다고 한다.

'척추후관절증후군'이라는 질환 하나를 두고 왜 이렇게 서로 말이 다를까? 현재 의료업계에서 '척추후관절증후군'이라고 동일시 부르며 혼동하고 있는 질환은 통증 원인에 따라 2가지로 세분화되어야 한다. 이 책에서는 통증 원인에 따라 척추후관절증후군 1형과 척추후관절증후군 2형으로 구분한다. 먼저 급성 통증이 후경부(뒷목)에서 발생하며, 극심한 통증으로 인해 움직임에 제한이 발생하고 특히 어느 한 방향으로 목을 돌리는 데 불편함을 호소하는 증상이 있다.

이를 척추후관절증후군 1형이라고 하며, 척추후관절증후군 1형은 영상검사 상 확인할 수 있는 병변이 없는 상태다. 척추후관절증후군 1형이 발생하는 원인을 살펴보면, 진단적 차단을 통한 연구결과는 경추후관절 통증 발생률이 허리 후관절 통증 발생률보다 높은 것으로 나타난다.

환자 중 다수가 방사선학적 이상이 없으며, 통증의 원인은 관절낭에 있을 수 있다. 생체 역학 연구에서는 편타성 손상의 원인으로 경추후관절낭의 과한 신장을 지지한다(Pain Generation in Lumbar and Cervical Facet Joints BY JOHN M. CAVANAUGH, MD, YING LU, MS, CHAOYANG CHEN, MD, AND SRINIVASU KALLAKURI, MS 2006). 연구자료에서는 척추후관절증후군은 후관절낭에서 기인한 통증일 수 있다고 했다. 위 연구는 2006년 자료이며 관련한 최신(MEAGAN E. ITA, MS1·SIJIA ZHANG, BS1·TIMOTHY P. HOLSGROVE, PhD1 SONIA KARTHA, BS1·BETH A. WINKELSTEIN, PhD1,2. 2017) 논문에서도 2006년 자료와 같이 근본적인 통증 발생기전에 대해서는 알 수 없었고 후관절을 싸고 있는 후관절낭에서 기인한 통증일 것이라는 유추만이 반복될 뿐이다.

그럼 대체 왜 이런 급성 통증이 후관절낭, 특히 목 척추 후관절에서 자주 발생하며, 방사선학적으로 확인할 수 나타날 수도 있고 나타나지 않을 수도 있는 것일까? 그리고, 등, 허리 척추후관절에서는 발생하지 않는 급성 통증이 유독 목에서 자주 발생하는 것일까?

시간을 거슬러 1990년대 생물학 연구에서 그 이유를 찾을 수 있었다. 1994 Robert F. McLain, M.D.의 연구에 따르면 경추후관절낭에서 4형 기계적 수용기(Free nerve ending)가 발견됐으며, 다른 연구에서 후관절낭에 4형 기계적 수용기가 없었던 이유로 그 연구는 허리 척추의 후관절낭에 한정되었던 것을 꼽았다. 다시 말해 목 척추 후관절낭에만 4형 기계적 수용기가 존재했다. 4형 기계적 수용기는 통증 수용기이며, 이것 때문에 다른 척추에서는 발생하지 않는 급성 통증이 목에서 발생하는 것이다.

가만히 생각해보자. 자고 일어나서 목을 돌리기 힘들고 아픈 적은 있어도, 자고 일어났는데 이유 없이 허리나 등에 움직이기 힘들 정도의 통증이 발생한 적이 있는가? (등이나 허리에서 이러한 통증이 발생했다면 후관절이 아닌 디스크등 다른 조직에서 기인한 통증일 것이다.)

관절에서 발견되는 기계적 수용기는 1~4형으로 4가지 형태로 분류되어 있는데, 그 중 4형은 통증 수용기로 역학적 손상이나 염증매체에 반응한다. 정리하면 척추후관절증후군 1형은 목 척추 후관절낭에만 있는 4형 기계적 수용기에서 기인한 증상이다. 때문에, 목 척추에서만 발생하며 영상검사 상 질환을 시사할 만한 소견이 없고 후관절에 주사 시 증상이 소실된다. 그리고 척추후관절증후군 2형은 척추후관절면의 퇴행으로 초자연골이 닳고 신경과 혈관이 자라나와 통증이 발생하는 경우다. 따라서 척추후관절증후군 2형은 영상검사 상 후관절 이상을 발견할 수 있고, 갑자기 발생한 급성 통증이 아닌 지속적인 통증이 발생하며, 목이나 허리 등 척추 전체에서 발생할 수 있다.

이렇게 임상에서 척추후관절증후군이라고 동일시 부르는 질환을 통증 원인에 따라 두 가지로 분리함으로 혼란을 막을 수 있다. '진단적 차단을 통해 질환을 감별할 수 있으므로 척추후관절증후군이라는 질환이 임상적으로 존재한다.'는 두루뭉실한 표현이 아닌, '후관절낭에 있는 4형 기계적 수용기에서 발생한 척추후관절증후군이다.'라는 확실한 표현이 가능해진다. 혹시 물리치료사라면 위에 나열한 해부학적인 사실을 바탕으로 내가 해줄 수 있는 치료를 먼저 적용하고 그 후에 근막 경선, 혈 자리 등을 응용하면 환자에게 더 만족스러운 결과를 가져다줄 수 있을 것이다.

척추후관절 증후군 1형	척추 후관절 증후군 2형
목 척추 후관절낭에만 있는 4형 기계적 수용기에서 기인한 통증 목에서만 발생 영상검사상 확인되지 않음 급성 통증 발생	후관절 퇴행으로 발생한 증상 전체 척추에서 발생 영상검사상 확인됨 만성 통증이 특징이나 때때로 악화될 수 있음

에필로그

    건강 관련 업계 전문가들에게 핵폭탄급 무기가 될 마이오카인을 더 효과적으로 휘두르는 데 도움이 되길 바라며, 더 많은 사람이 진짜 건강을 찾을 수 있기를 희망한다.

    필자는 물리치료사 면허를 취득하고 프로 선수 재활을 시작으로 물리치료사로서 임상활동을 시작했다. 첫 번째 근무지였던 병원에서의 업무는 주로 무릎/어깨 등 사지관절 수술/비수술 후 재활이었다. 임상현장에 처음 나오는 물리치료사가 필자에게 "첫 병원은 어디로 취직해야 좋을까요?"라고 묻는다면 필자는 단연 사지관절 수술병원을 추천한다. 왜냐하면 비수술 환자를 보기 이전에 수술환자를 먼저 치료함으로 통증의 본질을 우선으로 보는 시각을 가질 수 있기 때문이다. 통증을 해석하며 그 원인을 설명하는 이론은 무수히 많다. 근막경선, 자세평가, 경락, 경혈, 통증과학 등의 이론들은 틀리지 않았으며 필자도 존중하지만 이러한 이론들을 치료에 응용하기 이전에 통증을 일으키는 원인에 대한 본질파악이 우선 되어야 한다.

    이 책의 부록에 간략히 실은 해부학적인 내용을 살펴보면 필자가 왜 이런 말을 하는지 이해할 수 있다. "목에 담이 걸렸다"라고 하는 증상은 자세평가 등을 응용하여 치료하기 이전에 통증을 일으키는 근본적인 원인(목 척추 후관절 '낭'에만 존재하는 자유신경종말)이 있는 질환이었다. 이러한 사실을 알고 근막경선, 혈자리, 자세평가 등을 치료와 운동에 응용하는 것과 모르고 하는 것은 분명 어마어마한 차이가 있다.

마찬가지로 수술환자 재활을 할 때는 내 환자가 어떤 수술을 했는지를 알고 치료해야 하기 때문에 자연스럽게 통증이 본질을 먼저 바라보는 시각을 가질 수 있게 된다. 예를 들어, 무릎 수술을 했다면 무릎에서 십자인대 수술을 했는지, 인공관절 치환술을 했는지, 연골 수술을 했는지 알아야 한다. 나아가 연골 수술을 했다면 봉합술(Meniscus repair)을 했는지, 절제술(Menisectomy)을 했는지, 미세골절술(Microfracture)을 했는지 등을 알아야 하고, 더 들어가 봉합술을 했다면 연골의 어느 부위를 봉합했는지에 따라 봉합방법 [연골의 앞/뒤 부착부가 끊어진 경우 뼈에 Anchor를 박거나 경골(tibia)를 뚫어 단단히 고정하며, 일반적인 파열의 경우 단순히 꿰매는 형식이 대부분이다.] 과 위치를 고려하여 치료와 재활운동을 적용해야 한다.

여기서 필자가 얘기하고자 하는 본질은 "통증을 해석하는 이론(근막경선, 경혈, 경락)도 아주 좋은 치료적 근간이 될 수 있지만, 그것으로 인해 해부학이 흔들리지 않아야 한다."라는 말이다. 또 필자는 두 번째로 근무한 병원에서 척추 수술/비수술 재활을 했고, 이후로는 도수치료 실장으로 일했있다. 그리고 현재는 Actors body care라는 회사의 대표로 영화/드라마/광고 촬영현장에서 배우들의 컨디셔닝과 재활 등 건강을 책임지고 있으며, 유튜브 채널 ABcare(Actors body care)를 운영하고 있다.

이 책을 쓰며 더 많은 사람이 필자로 인해 건강한 삶을 영위하기를 바라는 마음으로 한 문장 한 문장 정성을 다했다. 따라서 운동하는 사람들이나 병원 혹은 운동센터에서 근무하는 건강 관련 업계 사람들에게 근육에서 분비하는 마이오카인이라는 무기가 보다 효과적으로 활용될 수 있기를 희망한다.

근육에서 나오는 만병통치 호르몬
마이오카인
운동

초판 발행　2023년 11월 30일　초판 1쇄

저자　　　박병준
펴낸곳　　헤르몬하우스
펴낸이　　최영민
인쇄제작　미래피앤피

주소　　　경기도 파주시 신촌로 16
전화　　　031-8071-0088
팩스　　　031-942-8688
전자우편　hermonh@naver.com
등록일자　2015년 03월 27일
등록번호　제406-2015-31호

ISBN　　979-11-92520-70-4　03690